老板财税管控：
风险防控100问

许声宏 著

中国商业出版社

图书在版编目（CIP）数据

老板财税管控：风险防控100问/许声宏著. -- 北京：中国商业出版社，2022.1
ISBN 978-7-5208-1897-1

Ⅰ. ①老… Ⅱ. ①许… Ⅲ. ①企业管理—财务管理—中国—问题解答②企业管理—税收管理—中国—问题解答 Ⅳ. ① F812.423-44

中国版本图书馆 CIP 数据核字（2021）第 230627 号

责任编辑：包晓嫱　佟　彤

中国商业出版社出版发行
010-63180647　www.c-cbook.com
（100053 北京广安门内报国寺 1 号）
新华书店经销
香河县宏润印刷有限公司印刷

*

710 毫米 ×1000 毫米　16 开　13.5 印张　205 千字
2022 年 1 月第 1 版　2022 年 1 月第 1 次印刷
定价：68.00 元

****

（如有印装质量问题可更换）

前 言

资金是企业流动的血液，财务管控体系则是企业高效运转的心脏。高效的财务管控，是保障企业资金有效使用、实现企业战略目标的关键。为什么很多企业想尽了办法却做不大、做不长？原因之一就是，老板不懂财务管控。

王永庆80岁时成了台塑集团董事长，在全世界很多国家都设立了子公司。一次，一名记者对他进行采访，问他："您已经80岁高龄，如何管理这么大的企业？"王永庆用一句话做了回答："会计就是我的眼睛。"也就是说，即使他无法跑遍全世界去了解企业动态，但可以通过会计数字及时了解到业务一线的具体情况，比如，基层部门和员工工作是否努力、有没有按公司的既定战略创造价值。

同样地，日本经营之神稻盛和夫关于会计方面也有很多心得，还出版了两本经典的会计著作《阿米巴经营》和《经营与会计》。在《阿米巴经营》的中文版序言中，稻盛和夫说："如果中国的企业家都能掌握书中提到的管理会计方法与技巧，多半能助推企业的发展。"在我国，很多企业老板都非常推崇稻盛和夫，并虚心向他学习，以求让自己的企业获得更好、更大的发展。

企业老板一定要重视财务管控对企业发展的作用，做好财务管控，努力防范财务风险。

对企业来说，资金是一种宝贵的资源，老板需要站在战略角度思考资源的有效配置问题，从目标、风险、控制等角度对财务管控形成共识；在业务部门投入的资金，应明确用途，要设定回报计划，让相关人员在平衡收支绩效和风险的基础上，将现金流量表的数据还原成公司的业务活动，并从绩效目标、过程管控、结果考核等角度入手，将资金流与物流、信息流、价值链等整合在一起。

企业想要做大做强，就需要精细化管理，而精细化管理的前提是老板拥有财务管控思维。

有些企业在初创期，主要目标是赚钱，只有发展到一定阶段后，老板才会意识到财务的重要性。主要原因不外乎：一方面是财务管理环节薄弱，对企业的快速发展造成了直接影响；另一方面是财务管理不规范，老板感到不安全。

实际上，财务安全，企业才能安全。如果企业财务混乱，就会对经营造成影响；稍严重一些，可能会触犯法律，让企业老板身陷囹圄。因此，企业老板不仅要拥有财务管控思维，还要对财务部门进行监管审查。

记住，老板财务管控的水平和规范性决定着企业能否做大、做强。

目录

第一章

营运资金风险：多方举措，化解营运资金风险

第1问　什么是营运资金？/ 2

第2问　营运资金的主要风险形式有哪些？/ 4

第3问　如何理解现金风险？/ 5

第4问　如何预防企业存货风险？/ 7

第5问　应收账款日常风险的表现形式有哪些？/ 10

第6问　如何进行全面预算管理？/ 11

第7问　费用审核的操作流程是什么？/ 13

第8问　复核控制的具体流程有哪些？/ 16

第9问　如何进行记账控制？/ 18

第10问　对账控制的具体方法有哪些？/ 21

第二章

流动性风险：集中纠偏，减少流动性风险

第11问　什么是流动性风险管理？/ 24

第12问　形成流动性风险的内因和外因都有哪些？/ 25

第13问　企业流动性风险的预警方法是什么？/ 27

第14问　流动性风险的表现形式有哪些？/ 28

第15问　企业流动性风险的管理手段有哪些？/ 29

第16问　如何加强商务差旅费用的审批管理？/ 31

第17问　企业流动性指标有哪些？/ 32

第18问　如何用现金分类法管理现金？/ 35

第19问　如何进行流动性分析？/ 36

第20问　如何更新企业财务的管理理念和方法？/ 38

第三章

资金回收风险：紧抓管控，规避资金回收风险

第21问　如何做好企业应收账款管理？/ 42

第22问　如何进行其他应收款核算？/ 43

第23问　存货的核算方法有哪些？/ 44

第24问　如何防范预付账款存在的潜在风险？/ 46

第25问　如何建立分销体系，降低资金回收风险？/ 48

第26问　企业赊销风险怎么破解？/ 50

第27问　对营销人员的回款问题如何进行考核？/ 54

第28问　做好应收账款的跟踪有哪些流程？/ 56

第29问　如何管理信用额度，控制回款风险？/ 57

第30问　如何有效防范坏账风险？/ 59

第四章

收益分配风险：完善制度，杜绝收益分配风险

第31问　究竟什么是企业收益分配风险？/ 64

第32问　收益分配的种类有哪些？/ 65

第33问　收益分配的主体有哪些？/ 66

第34问 传统企业，如何进行收益分配？/ 67

第35问 企业收益分配的顺序是什么？/ 68

第36问 企业收益分配的原则包括哪些？/ 70

第37问 利润分配的来源在哪里？/ 71

第38问 企业收益分配风险的控制方法有哪些？/ 72

第39问 企业如何做到收入分配的公平？/ 73

第40问 分配收益，如何纳税？/ 75

第五章

筹资风险：强化逻辑，预防筹资风险

第41问 筹资风险的内因和外因有哪些？/ 78

第42问 如何正确处理发展和筹资风险之间的关系？/ 80

第43问 自我赋能、增强自身素质，就能防范、化解风险吗？/ 81

第44问 对筹资风险如何进行阶段性控制？/ 82

第45问 资金筹备时，如何进行风险预测？/ 84

第46问 负债资金的筹集方式有哪些？/ 85

第47问 企业股权融资如何防范法律风险？/ 87

第48问 抵押贷款投融资中的法律风险有哪些？/ 89

第49问 如何防范股权众筹的法律风险？/ 92

第50问 如何防范民间借贷中的风险？/ 94

第六章

投资风险：牵引指导，防范投资风险

第51问 何为投资风险？/ 100

第52问 如何排查企业投资风险？/ 101

第53问　在投资活动中，需要面对的直接风险有哪些？/ 102

第54问　在投资活动中，需要面对的间接风险有哪些？/ 105

第55问　企业投资法律风险的防范措施有哪些？/ 106

第56问　在企业投资中存在的主要问题有哪些？/ 109

第57问　如何防范企业股权投资风险？/ 110

第58问　如何防范企业海外投资风险？/ 114

第59问　如何避免盲目投资？/ 116

第60问　投资风险管理应遵循哪些原则？/ 119

第七章

并购风险：积极应对，防范企业并购风险

第61问　什么是企业并购的财务风险？/ 122

第62问　如何应对企业并购风险？/ 124

第63问　信息不对称风险的表现如何？/ 125

第64问　企业并购过程中的财务风险有哪些？/ 126

第65问　如何确定目标企业的价值？/ 128

第66问　并购融资的渠道有哪些？/ 131

第67问　企业控制权过渡，有什么风险？/ 133

第68问　在并购重组中，企业会遭遇哪些涉税风险？/ 136

第69问　并购后财务整合的必要性有哪些？/ 139

第70问　防范企业并购的法律风险，需采取哪些措施？/ 142

第八章

财务预警与财务预警系统：细化管理，设定财务预警机制

第71问　企业财务预警机制存在哪些问题？/ 148

第72问　企业财务危机预警系统的功能有哪些？/ 149

第73问　企业财务危机预警系统设计的原则有哪些？／151

第74问　为何要加强审计的监督工作？／153

第75问　如何创新财务预警机制？／156

第76问　企业财务预警分析的指标有哪些？／157

第77问　企业危机预警的信号有哪些？／158

第78问　重大风险预警信号有哪些？／160

第79问　企业财务危机预警系统由哪些要素构成？／162

第80问　企业财务风险预警机制设计的要点和举措有哪些？／164

第九章

外汇风险：完善制度，减少外汇风险

第81问　企业汇率风险管理存在的问题有哪些？／168

第82问　如何理解企业外汇风险管理的定义及目标？／169

第83问　如何理解企业外汇风险的种类及管理需求？／171

第84问　外汇风险管理的步骤有哪些？／173

第85问　如何理解外汇业务风险管理的对策和原则？／176

第86问　管理企业外汇风险需要避免的误区有哪些？／178

第87问　外汇风险管理信息系统有哪些功能？／180

第88问　外汇交易风险要怎么防范？／182

第89问　完善相关规章制度，具体该怎么办？／183

第90问　何为远期结售汇？／185

第十章

跨国经营风险：高度关注，防范跨国经营风险

第91问　何为跨国经营财务风险的概念和特征？／188

第92问　跨国并购存在的主要问题有哪些？／189

第93问　跨国企业财务管理风险的成因有哪些？/ 191

第94问　企业跨国并购后，如何进行高效的财务整合？/ 192

第95问　如何通过多元投资分散风险？/ 194

第96问　如何建立合理的资金控制制度？/ 196

第97问　外汇风险的规避方法有哪些？/ 197

第98问　降低跨国经营风险的方式有哪些？/ 199

第99问　转移定价对税收有什么影响？/ 201

第100问　跨国经营风险管理的新趋势有哪些？/ 203

第一章

营运资金风险：
多方举措，化解营运资金风险

第1问 什么是营运资金？

对于企业来说，进货、买东西，都要花钱；卖出去商品，可能还会涉及赊账，这些都要占用资金。因此，流动资产是企业经营过程中需要使用的钱，在企业经营过程中占据着重要地位。

所谓营运资金，就是日常经营周转的流动资产和日常经营负债的差。简言之，就是流动资产减去流动负债，只不过里面不包括现金和短期借款，指的是日常周转使用的资金。

营运资金计算公式如下：

营运资金 = 流动资产 − 流动负债

= （总资产 − 非流动资产）−（总资产 − 所有者权益 − 长期负债）

= （所有者权益 + 长期负债）− 非流动资产

= 长期资本 − 长期资产

其中，流动资产占用时间短、周转速度快、容易变现，企业拥有较多的流动资产，就能在一定程度上降低财务风险。流动资产主要包括货币资金、短期投资、应收票据、应收账款、预付费用和存货。

所谓流动负债，就是需要在一年以上（包括一年）的营业周期内偿还的债务，成本较低、偿还期短，需要认真进行管理，否则企业就会承受较大的风险。流动负债主要包括短期借款、应付票据、应付账款、应付工资、应付税金及未交利润等。

这里有个公式：

经营性流动资产－经营性流动负债＝净营运资金

可见，净营运资金越多，不能偿还的风险就越小。净营运资金的多少可以直接反映偿还短期债务的能力。

企业要想维持正常的运转，就要拥有适量的营运资金，由此，营运资金管理自然就成了企业财务管理的重要组成部分。一旦营运资金出现负数，流动资产小于流动负债，资金就可能会出现周转不灵，导致企业的营运就此中断。

营运资金是衡量短期偿债能力的重要指标，拥有一定数量的营运资金，至少说明企业具备偿还短期债务的能力。

营运资金是一个绝对数，企业在不同时期与同行业水平进行比较时，营运资金会表现得不适应。因为营运资金不仅受到资金使用效率的影响，还在一定程度上受企业规模和销售水平的影响，要想弄清企业的短期偿债能力，企业老板需要将营运资金同销售收入、流动比率等指标联系起来进行分析和判断。

第2问 营运资金的主要风险形式有哪些？

营运资金是企业日常经营活动需要的资金，可以为企业整体运作做支撑，承载着企业价值补偿与价值增值的使命。可是，在现实运用中，营运资金是企业资金管理链中的薄弱环节，也是企业主要财务风险之一。

营运资金贯穿于企业经营活动全过程。通常，企业会提前垫资，资金会依次经过"货币资金—储备资金—生产资金—成品资金—债权资金—货币资金"，但由成品资金、债权资金回归到货币资金，会经历由个体劳动成果转化为社会商品的过程，只有实现了销售，其产生的现金流入才能使企业完成财务补偿。可是，对于企业来说，事前的资金管理通常都不是百分之百准确，营运资金涉及面广，不确定因素复杂，具有潜伏性和累计性，在变化无常的竞争环境中，考验的是企业的整体协调性与抗风险能力。

同时，企业存续期内营运资金的需要量波动频繁，企业不可能永远持有充足的资金量，再加上外界偶发因素的影响，营运资金风险的存在自然有着显著的客观性。

在企业日常经营活动中，营运资金风险主要表现为以下几种形式。

1.流动性风险。

引发这种风险的原因有两个：一是企业资产分布状况不合理，流动资产内部应收账款与存货占比太大，货币资金及短期投资比率太小，企业日常支付能力弱、偿债能力低；二是长期资产占企业总资产比重太大，企业资金整体周转速度缓慢，营运资金的运转吃紧。

2. 存货变现风险。

引发这种风险的因素主要有：成品及半成品的积压，占用太多的资金，无法及时变现；原材料采购安排无序、材料库存阶段坏损、零部件数量比率不准确、生产的半成品缺少管理……这些都会给企业造成巨大损失，浪费资金沉淀，增加管理成本。

3. 应收账款风险。

企业赊销太多，为客户垫付太多的债权性资金，无法及时回收货款，或者即使超过了预期，依然无法确认回收金额，如此不仅会形成坏账，还会产生债权资金的机会成本，造成企业应收账款管理费用的增长。

4. 现金风险。

在企业的运作过程中，持有的现金不能应付日常经营活动开支，从而阻碍企业的运营，造成巨大损失，错过众多获利机会。

第3问 如何理解现金风险？

现金是公司的生命线，内部可供随时支配的货币和活期存款能否为生产经营提供足够的现金，决定着公司的生死存亡。只有现金，才能帮助企业老板偿付到期的债务，而无法在规定的时间内筹措到必需的现金，会对公司的盈利能力和偿债能力造成负面效果。为了度过资金危机，企业虽然可以降低公司产量，但这种方法还是尽量少用；否则，公司的变现能力和盈利能力就会降低，甚至使公司资不抵债而破产。只有加强现金管理，才能让公司具备持续盈利的能力。

不管任何交易，只有收到现金，才算圆满完成。在做强、做大、做优的过程中，老板常常只对公司的主要财务指标如资产负债率、净资产收益率等感兴趣，而忽视指标掩盖下的问题；太过关注利润和销售的增长，却忽视了手中掌握的现金。

固定资产投资太多，公司的变现能力就会大大降低，导致资金沉淀；公司规模盲目扩张，不制订短、中、长期计划，公司发展就会受挫。因此，公司在超速发展过程中，老板必须注意防范现金风险。

现金支付的风险如下。

1.遇到异常发票，需要自证清白。

企业在日常经营过程中，可能会在无意中收到不符合规范的发票，如果被税务机关认定是异常增值税发票，而企业对税务机关认定的异常凭证存有异议，就可以向主管税务机关提出核实申请。经过税务机关的核实，符合现行规定，纳税人才能继续申报抵扣。公司使用现金支付，无法提供完备的材料，也会导致核实失败，需要面临补缴税款、缴纳滞纳金等情况。

2.取得不合规发票，提供补充证明。

《企业所得税税前扣除凭证管理办法》第十二条规定：企业取得私自印制、伪造、变造、作废、开票方非法取得、虚开、填写不规范等不符合规定的发票（以下简称不合规发票），以及取得不符合国家法律、法规等相关规定的其他外部凭证（以下简称不合规其他外部凭证），不得作为税前扣除凭证。

如果企业收到不合规发票，同时对方无法补开、换开，企业不仅要提供基础的证明资料，还要提供非现金方式支付的付款凭证。

如果企业经常采用现金支付，在对方法律主体消失或处于"停滞"状态的情况下，是无法对现金支付的真实性进行考证的，需要制定必要的现金管理制度，在非现金使用范围内尽量不要使用现金支付。

第4问　如何预防企业存货风险？

所谓存货风险，是指在一定时期内和一定条件下企业由于存货管理不善等原因发生的各种损失，该风险是客观存在的、不确定的、潜在的、可测的、相关的，主要种类包括不良存货资产风险、存货价格风险、存货规模风险等。

存货是资产负债表中流动资产的一个重要项目，以资金占用的形式构成企业资产，也是损益表中业务成本的重要来源，直接影响着企业的成本列支和盈利能力。因此，对存货的收、发、存的确认、计量、记录和报告是否正确，关系着企业财务状况和经营成果是否正确，影响到企业所得税、收益分配等内容。

加强存货管理，既能保证企业生产经营的正常进行，也可以维护流动资产安全，更是保证财务收支合法可靠、会计信息真实完整的监督控制系统。

只有对存货进行有效的管理，才能完善企业管理制度，才能合理储备存货，才能保证流动资金的合理占用，是企业实现降低库存、减少资金占用、避免物品积压或短缺的重要手段。

1.存货日常管理中的风险。

在存货日常管理中,存在的风险主要有两个,如表1-1所示。

表1-1　存货日常管理中存在的风险

风险	说明
存货的入库、出库和结存记录不真实	单据填写不完整、不准确,会计核算困难,今后无法查核;由于生产任务紧,未经过正常的审批手续就直接领料出库,材料领用审批制度名存实亡;存货、结存记录不真实,疏于管理,不定期核查,就会积压占用大量资金,增加仓储成本;材料短缺,也会影响企业正常的生产经营。另外,不制定严格的领用制度,各部门任意领用存货,没有相应的限额控制,就会造成账实不符,虚增生产成本
存货内部控制制度不健全	存货管理制度缺失或不健全,规章制度没有覆盖到相关的业务部门和人员,没有渗透到企业各业务领域和操作环节,物资管理秩序混乱、核算不实,会计信息失真。例如,企业存货实物控制存在缺陷,既没有制定规范的存货管理规则,也没有相应的存货盘点制度,岗位职责不明,只重视存货购买环节的控制,忽视了存货的日常保管、领用出库及报废等环节的控制,导致企业资产浪费和流失严重

2.存货管理风险的应对措施。

存货太多,不但会造成资金积压,还会导致存货过时、损坏,提高仓储成本;存货过少,就会缺货,影响正常生产,一旦物价上涨,就可能造成企业潜亏。因此,企业必须重视存货管理的重要性,找出存货管理中存在的不足,积极采取相应的应对措施。

(1)建立健全内部控制制度。要想减少存货管理风险,企业需要建立健全存货内部控制制度,结合生产经营特点,规范存货采购、消耗、领用等环节。进一步明确各职能部门的岗位职责,发挥存货内部控制制度的牵制作用;采用现代化的内部控制管理手段,扩大存货内部控制的应用范围;选取合适的控制软件,建立计算机内部网络系统,实现存货采购、入库、出库、保管等数据的共享,并设定相应的权限,供各部门及时查阅。

（2）设定科学的库存管理流程。企业要建立科学高效的存货管理流程，并随着企业的发展不断完善；设置科学的库存管理流程，比如加强对存货采购、入库、计量、出库、结存等环节的控制；明确分工，落实责任，对存货内部控制的执行情况进行检查，防止存货业务出现差错和舞弊的发生；做好存货的采购、保管和记账工作，由多部门进行分工协作，部门之间做好监督；健全内部稽核制度，建立完整的台账体系，制定定期盘点制度，并在年终时全面盘点存货。

（3）制订科学合理的采购计划，控制库存量。这是规避存货决策风险的重要手段。首先，为了保证企业生产经营对原材料的需求，应有一定的存储量；其次，为了降低存货对资金的占用，提高资金的使用效率，要确定合理的最低库存量。因此，制订科学合理的采购计划、确定合理的库存量尤为重要。

（4）加强仓库的控制作用。仓库不仅具有存储功能，还可以及时提供库存信息，使企业获得准确的物资信息；要完善监督检查的功能，反映各部门生产成本的真实性；要对处于闲置状态的物料和废料进行合理的管理。

（5）加强仓库管理人员的业务培训。仓库管理人员应该具备相关的专业知识与专业技能，遵纪守法，客观公正。对此，企业应定期对相关人员进行不同层面的培训，内容包括法律法规、存货管理理论和提升业务能力等。

第5问　应收账款日常风险的表现形式有哪些？

资金是企业的血液，而应收账款就是企业的中枢神经。企业对应收账款的控制，不仅决定了流动资金的周转水平，还直接影响到企业的销售业绩和市场竞争力。为了保证应收账款的合理占用水平和安全，尽可能减少坏账损失，降低企业经营风险，企业必须采取切实可行的措施，制定合理有效的管理办法，做好应收账款的事先预防、事中监督和事后回收等管理工作。

简单来说，应收账款是指企业在正常的经营过程中，因销售商品、产品或提供劳务等应向购货企业收取的账款或代垫的运杂费。它是企业因赊销产品而产生的短期债权，是企业向客户提供的一种商业信用，不仅可以扩大销路、增加收入，也会形成应收账款风险。那么，企业应收账款风险有哪些？

1. 应收账款占较大比例，周转资金不足。

企业在赊销产品时，发出存货，货款却不能及时收回，如果对逾期不还款的客户不采取相应措施，企业流动资金会被大量占用。长此以往，必将影响企业流动资金的周转，造成货币资金的短缺，影响企业的正常开支和经营。

2. 应收账款太多，企业现金流出。

赊销虽然可以使企业产生较多的收入，增加利润，但并不会增加企业的现金流入，反而会让企业不得不垫付资金来缴纳各种税金和支付费用，如此就会加速企业的现金流出。

3.应收账款数额巨大，企业失去资金机会成本。

企业应收账款数额巨大，企业资金机会成本就会流失，具体表现为以下两个方面。

（1）被应收账款占用的资金，客观上要求在经营中加速周转，得到回报，但应收账款的大量存在，特别是逾期应收账款比例的不断上升，会让被占用在应收账款上的资金失去其时间价值。

（2）在催收过程中，企业投入大量的人力、物力和财力，加大了催收成本；大量资金被沉淀，借款时间被延长，还会增加利息费用，导致企业资金失去盈利机会。

第6问　如何进行全面预算管理？

企业以战略目标为逻辑起点，全员共同参与，对未来所有的业务活动和财务结果进行预估与规划，科学调配各项财务与非财务资源，对执行管理流程进行全程监督控制和分析，将评析结果报告给管理层，对经营活动进行整改，帮助管理层更加卓有成效地对企业进行管理，就是全面预算管理。内容主要包括经营预算、专门决策预算和财务预算。

全面预算管理是一种成熟的管理制度，在企业规划战略目标、控制日常经营活动、分散经营风险、优化资源配置上都具有重大意义。

1.增强全面预算管理意识，提高业务水平。

"凡事预则立，不预则废"是对全面预算管理的最佳诠释。企业要想在激烈的市场竞争中立于不败之地，就要开展始于管理层而止于基层员工的全面预算管理的宣传，使员工明白工作中存在哪些预算。

（1）定期组织员工学习全面预算管理知识，并将学习成果作为员工考核的一项指标，或举办全面管理知识有奖竞答等，提高员工的预算管理业务水平，让员工对预算管理重视起来。

（2）管理层高度重视，并身先士卒，遵守预算管理制度，以预算标准为准绳，引领员工习惯并适应全面预算管理工作。

（3）严格执行预算考评制度，公开、公平、公正地考核员工预算执行控制的结果，对于成绩优异者，进行必要的奖惩激励，充分调动员工对全面预算管理工作的积极性。

2.健全企业全面预算管理制度。

企业要根据目前的发展需要，结合全面预算管理流程，分步健全预算管理制度。

第一步，建立全面预算编制制度及预算定额标准制度，确保预算控制目标的先进性、可行性、适应性、导向性和系统性。

第二步，建立预算授权控制、执行监督和分析制度，为员工明确自己的任务指标，积极参与到全面预算管理中，不断强化预算责任，落实预算控制，提高预算管理对经营业务的控制水平。

第三步，建立健全高效的预算考评制度，以公平、公正、客观等为基本原则，做到"权、责、利"完全统一，全面记录考核过程和施行结果，有针对性地进行优化，选择合理的考核机会，调动员工的主观能动性。

3.加强全面预算管理的信息化建设。

企业要加强全面预算管理的信息化建设，具体方法可参考如下建议。

（1）构建信息共享交流平台。企业要努力规范全面预算管理流程、提高全面预算管理效率，鼓励全员参与，将业务全覆盖，进行全流程监控。同时，要相互协同配合、适度有效共享，保障信息安全，做好技术维护。

（2）注重全面预算管理信息系统的功能性。对信息系统进行升级更新要重点放在预算编制、执行控制功能、分析和预警监控四个模块上，如表1-2所示。

表1-2 信息系统升级的重点模块

模块	说明
预算编制	实现预算在线编报共享，缩短编制、审批、下发执行的周期，提高效率，降低成本
执行控制功能	企业要结合自身的特点，选择不同的控制方法。及时、灵活、快速地调整控制规则，满足预算管理信息实时更新以及对经营业务实时控制的需要
分析	实时监控预算执行情况，准确获得反馈信息，进行多维分析
预警监控	对预算过程进行预警，预算指标支持设置预警值

（3）加强信息系统的高度集成化。企业要想将全面预算管理效能最大化，就要加强全面预算管理信息系统与ERP系统或会计核算、财务报销、人力资源等系统的高度集成，将各信息孤岛联通起来，将全面预算管理与企业优势进行融合，完善全面预算管理模式。

第7问 费用审核的操作流程是什么？

对于会计来说，处理员工费用报销是不可缺少的工作。对于这类费用，在审核报销发票的过程中，会计要关注两点：一是报销费用是否符合企业报销要求，能否满足企业的报销条件；二是报销使用的发票内容是否

符合税务管理要求，发票是否有问题。

关于报销费用标准，涉及报销金额的多少，企业都有自己的报销标准。而发票的审核，不仅关系到费用报销的多少，还涉及发票名目是否符合报销要求、发票是否存在造假等情况。发票审核一旦出现问题，不仅会涉及税务问题，还会衍生出一系列问题。

为了减少财务风险，在实际操作过程中，会计审核发票时需要注意哪些问题呢？

1. 发票抬头的审核。

这是审核发票最重要、最基本的内容。首先，要看看发票的抬头是否为本企业的全名。无论是普通发票，还是增值税专用发票，抬头一个字都不能错。其次，普通发票必须包含完整的名称和纳税人识别号，如果是增值税专用发票，则要保证名称、纳税人识别号、地址、电话、开户行及账号信息等全部准确。

2. 发票的章要清晰。

一般情况下，发票的顶部应注明"税务发票"字样和"税务监督印章"，即使不是企业出具的收据，也要有发票监督印章。如果是用于报销的发票，首先要看发票上是否有税务机关的印章；其次要看销售企业的发票上是否有专门印章；最后要看是否有企业负责人的签字。只有三个印章齐全，才可以报销发票。

3. 发票金额的审核。

遇到特殊情况，比如，实际消费金额比企业报销标准高，发票金额大于实际报销金额。虽然允许在一定的范围内发票金额比实际报销的金额大，但最好要保持一致，不能比实际报销的金额小。

4. 日期符合报销要求。

从原则上说，票据的日期不能跨年，只能是当年的票据。跨年期间虽然可以进行一定的缓冲，但如果时间跨度太长，就要拒收发票。

5. 开票内容避免不实。

为了不收到假发票，开具发票的章和开票的内容要做好衔接，如广告费，就是广告公司的发票，开票企业的章应该为"××广告公司"。

6. 查重电子发票，避免背黑锅。

目前，电子发票已经被大量使用，会计在日常审核票据阶段接触得也很多。审核电子发票报销时，要对发票进行查重，可以使用Excel手工台账，将电子发票信息录入Excel报销台账查重和登记，或用电子发票查重工具，直接对发票上的二维码进行识别，自动实时查重和登记。此外，还可以用专用的扫码器配合电脑版的电子发票查重工具进行发票的查重登记。

7. 检查信息的真实性。

发票上都会印有纳税人识别号等信息，可以登录税务网，根据信息核对发票的真实性。如果使用电子发票查重工具，通过配置专业发票真伪查验接口，可以直接在查重的同时对发票的真伪进行查验。

第8问 复核控制的具体流程有哪些？

收到员工的报销单据后，会计会对录入机内生成的原始单据与专用报销凭证进行核对，审核签章后生成完整的记账凭证，这就是财务复核。现行的复核工作包含原来的复核及核算的大部分内容，主要内容如下。

1. 对会计报表进行复核。

复核会计报表时，重点复核内容有：会计报表中各项目数字之和是否等于小计、合计或总计数？表中百分比、比率值及其他指标的计算数值是否正确？

2. 对原始凭证进行复核。

复核原始凭证时，应重点复核的内容有：原始凭证上记载的数量与单价的乘积是否等于金额？各分项金额之和是否等于合计金额？大小写金额是否相符？

3. 对会计账簿进行复核。

复核会计账簿时，应重点复核的内容有：账簿记录中各项发生额之和是否与发生额合计数相等？期初余额加减借贷方发生额后是否等于期末余额？

4. 对记账凭证进行复核。

复核记账凭证时，应重点复核的内容有：借方金额合计是否等于贷方金额合计？记账凭证的金额是否与原始凭证的金额相等？

企业会计原始凭证复核的内容主要包括三点：真实性复核、完整性复核和合法性复核。

1. 真实性复核。

所谓真实，就是指原始凭证上反映的是业务内容的真实情况，不会对其进行掩盖、歪曲和颠倒。复核的主要内容如表1-3所示。

表1-3 真实性复核的主要内容

内容	说明
内容必须真实	购买产品或资料，必须标明货物的名称、规格、型号等；如果是住宿，就标明住宿的日期；乘坐交通工具，就标明交通工具种类和起止地点；就餐，必须标明就餐，不能把购物写成就餐，也不能将就餐写成住宿
时间、地点、填写日期必须真实	不能把业务发生的真实时间改为以前或以后的时间；不能把在甲地发生的业务改为在乙地，也不能把填制原始凭证的真实日期改为以前或以后的日期
当事单位和当事人必须真实	开出原始凭证的单位、接受原始凭证的单位、填制原始凭证的责任人、取得原始凭证的责任人，都要据实填写，不能借用他人、他单位之名，也不能填写假名
业务"量"必须真实	比如，购买货物业务，要标明货物的重量、长度、体积和数量；其他业务也要标明计价所使用的量，比如住宿2天、参观展览5次、住院治疗15天等
单价和金额必须真实	填写原始凭证时，不能抬高或压低单价，更不能多开或少开金额

2. 完整性复核。

复核单据时，原始凭证应具备的要素要完整、手续要齐全，财务要检查原始凭证必备的要素是否填写齐全。例如，发货票上要有供货单位的财务公章、税务专用章、本联发货票用途、发货票的编号等。如果原始凭证要素不完整，原则上应该退回重填。遇到特殊情况，还须旁证并经领导批准。

复核原始凭证的手续是否齐全，包括双方经办人是否签字或盖章，需要旁证的原始凭证，且要齐全。例如，某些金属和化工材料的发货票要附有证明货物化学成分的化验单等凭证；不需入库的物品，发货票上要有使用证明人的签名；需要另外登记的原始凭证，登记以后要到会计部门报账；须经领导签名批准的原始凭证，要有领导的亲笔签名，手续不齐全的，需要退回补办手续后再予以受理。

3.合法性复核。

所谓合法，就是要按会计法规、会计制度和计划预算办事。复核时，要对以下三种情况加以注意。

（1）发票是真实的，但制度规定不允许报销。通常，凡私人购置和私人使用的物品，都不能用公款报销；凡个人非因公外出发生的各种费用，都不能用公款报销。只要熟悉制度，就容易判别其合法性。

（2）明显的假发票和假车票。有些原始凭证带有明显的时间日期等，时间发生了改变，再用过去的原始凭证，可判定是不合法的。有些原始凭证印制粗糙，印章不规范，一眼就能看出真假。

（3）发票虽然可以报销，但制度对报销的比例或金额有明显的限制，超过比例或限额的，无法予以报销。

第9问　如何进行记账控制？

企业自成立后，就需要进行记账，那么，为了防范财务风险，公司应怎样进行记账呢？

1.完成建账。

建账，通常要按照以下流程进行。

（1）装订账簿。依据公司所需的各种账簿要求，预备各种账页，并将这些账页装订成册。

（2）启用账簿。在账簿"启用表"上，写明企业称号、账簿称号、册数、编号、起止页数、启用日期及财务人员姓名等信息，然后加盖人名章和企业公章。

（3）确立账户。启用账簿后，依照会计科目表的次序和称号，在总账账页上确立总账账户，然后再按照总账账户明细核算的要求，在各所属明细账户上确立二、三级明细账户。

2. 进行记账。

公司记账应依照以下过程来进行。

（1）依据企业实践产生的事务单据编制记账凭据，为记账作业打好前期基础。

（2）依据填制的记账凭证，编制科目汇总表，简化总分类账的登记手续。

（3）依据记账凭证和科目汇总表，登记财务账簿，主要包括总账和明细账。

（4）依据财务账簿（主要是总账）编制财务报表，主要包括资产负债表、现金流量表和利润表。

（5）依据财务报表，编制缴税申报表，为公司报税做好预备工作。

3. 准时、及时地完结申报。

公司申报应按流程完结如下操作。

（1）登录网上申报体系；

（2）抄税；

（3）填写申报表；

（4）正式申报；

（5）网上划款；

（6）申报查询、划款查询；

（7）打印申报表和完税证明。

记账时，企业要避免以下错误的记账手法。

1. 将修理费重复计入生产成本。

根据财务会计制度的规定，对于固定资产的修理费，要用预提的方法，计入成本费用，一定不能为了控制利润实现数额，而将车间固定资产修理费用重复计入生产成本。

2. 多期材料，一期分摊。

根据权责发生制的原则，会计核算应正确划分各月份的界限，一定不要将不属于本期产品的成本负担材料费用支出列入本期成本项目。

3. 不合理分配生产费用，颠倒是非。

将本期发生的生产费用在盈利产品和亏损产品之间进行不合理分配，给企业造成亏损。

4. 没有使用的材料，不能退库。

为了调节本期损益，对车间领用原材料采用以领代耗的办法，将投入产品生产的材料全部计入产品成本，期末有剩余材料，不管下期是否需用，均不做退库处理。

5. 回收物资，账外处理。

将回收的废料收集起来，不冲减当月的领料数，只作为账外物资处理，会使企业无法如实反映产品生产中材料的实际消耗，还会加大产品的直接材料费成本，少计利润，少纳税金。

6. 已销产品，不结转成本。

有些企业对已销产品不做成本结转，只记收入不记成本。或者，对未销售产品视为销售、多转成本。这两种做法，都是不正确的。

第10问　对账控制的具体方法有哪些？

采用传统的对财模式，依靠人工一笔一笔地进行统计核算。可是，由于信息化水平低下，应付和应收款项无法及时汇总和核销，再加上时间跨度较大，容易出现漏记、错记等尴尬情况，为了复核和纠错，需要花费更大的人力成本。

试想，如果企业的财务对账效率低下、出具报表速度缓慢、无法及时通过各项财务指标调整战略，高层决策者该如何面对？

因此，财务在登记现金日记账与银行存款日记账时，一定要认真对待，必须按规定记好账、结好账、对好账。具体操作如下。

1. 建立新账。

无论是新接财务工作人员，还是老财会人员，建立新账时，都要将上一年的年终余额过入"余额"栏，不能先过入"发生额"栏，再过入"余额"栏。

2. 序时记账。

现金日记账与银行存款日记账，必须按发生业务的时间先后顺序登记，并要逐笔记录，按日结记当天发生额及余额，与库存现金数进行核对，看是否账款相符。

3. 更正错账。

记错账或结错账是很常见的一种现象。财会人员要按正确的方法改正错账，不能就字涂改或个别数字涂改，不能挖、补、刮、擦，更不准用消字灵褪色涂改。

4. 选用账本。

由于现金出纳登记簿与银行存款日记账都属于日记账，必须用订本账册，不能用活页账。订本账的账页数固定，页码会提前印在账页上，如果记账时形成隔页和跳行，就要画红叉或红线注销，并用红字写上"此页空白""此行空白"等字样，不能将账页撕掉。

5. 正确对账。

每日结完现金日记账后，为了保证账款相符，财会人员都要将余额与库存现金结存数进行核对。

企业的会计账一般要求日清月结，财会人员结完账后，财务应主动报出现金结存数进行对账。此外，还要与银行对清存款项目，使企业存款日记账与"银行存款"科目对账单的余额保持一致。其对账方法一般以"对账单"为依据，与存款日记账所记载的收支项目逐笔核对。

记载存款日记账时，要将原始凭证汇总下账，比如，将同一天签发的转账支票存根或现金支票存根汇总到一张记账凭证上，一次性记入银行存款日记账内，而银行的"对账单"上却是逐笔记账，财会人员就应该用这些汇总记账的原始凭证逐一与银行"对账单"核对，看看是否相符。如果经过调节后，企业银行存款日记账与银行"对账单"余额不相符，就需要查出差额，找出银行和企业双方账务不符的笔数，主动找银行对账，并弄清楚情况，妥善处理。

第二章

流动性风险：
集中纠偏，减少流动性风险

第11问　什么是流动性风险管理？

什么是流动性风险？

企业资产的存在形式多种多样，比如，库存现金、银行存款、办公桌椅等，但只有库存现金和银行存款可以用于对外支付，可以转化为其他资产，即"流动"资产。资产的流动性是一种变现能力，如果资产变现所需的时间太长或快速变现时需要价格折让，就说明其变现能力差、流动性差；反之，则说明其变现能力较好，流动性良好。

企业的流动性管理可以分为短期流动性管理和中长期流动性管理。其中，短期流动性管理，就是通过收支预测和短期资金计划，对资金的使用与借贷进行安排，保证企业银行账户随时有足够的资金可用；中长期流动性管理则是企业的财务健康度，即企业拥有良好的盈利能力和运营效率，能够持续带来经营性现金流入，同时拥有适宜的资本结构和财务风险水平，保持良好的外部融资能力。

所谓流动性风险，就是由于企业现金流入（资产变现）和现金流出（偿还债务）在某个时点或数量的不匹配，在目前或未来某一时点或时期，无法足额偿付到期债务的可能性。简言之，就是当企业没有足够的现金或持有的资产不能快速变现时，对外支付就会变得困难重重，这就是流动性风险。

影响流动性风险的因素包括企业的盈利能力、经营效率、发展速度、资本结构、外部经济与金融环境等。如果企业长期亏损，风险最终会体现为较高的流动性风险。当然，即使企业的盈利能力较强，影响企业流动性风险的其他因素得不到正确处理，也会带来较高的流动性风险。例如，企业盈利能力很强，但赚来的钱基本都被占用于存货或应收账款，没有及时回笼资金，也会带来流动性风险。

要想降低流动性风险，就要保证资金结构的合理性。合理使用股权融资和债权融资，平衡企业财务风险，保证外部融资能力，就能降低企业的流动性风险。面对不同的外部金融市场环境，就要采用合理的资金来源，比如，经济扩张期，可以把多数现金投入运营，实现快速成长；经济衰退或金融危机发生时，要坚持"现金为王"。

从本质上来说，企业流动性风险管理就是平衡企业的风险与收益。企业流动性风险高，一旦出现流动性困难，企业可能就要付出巨大的代价。要想降低流动性风险，就要持有更多的随时可动用的货币资金；若持有的现金太多，闲置资金的收益较低，就会浪费企业投资机会，降低收益。

管理现金持有量，首先应该确定最佳现金持有量，确定方法有存货模式、现金周转模式等。其次，管理持有的闲置现金，比如现金分类法。

第12问 形成流动性风险的内因和外因都有哪些？

对企业流动性的影响因素进行分析，可以识别出风险因素，企业就能从源头上对风险进行控制。

流动性风险管理，重点是预防，而不是事后补救，其引发因素主要包

括内部风险因素和外部风险因素。

1. 内部风险因素。

企业经营管理水平、筹资结构和其他可能对流动性风险造成影响的因素，就是内部风险因素，主要有以下几个方面。

（1）经营亏损。企业的生产和销售状况陷入困境，产品生产和销售形成的主营业务收入不够，无法生产足够的现金，对企业的偿付能力造成了影响。

（2）流动比率不合理。一个是自有流动资金比率低，太多依赖外部资金；另一个是流动负债支持长期资产，短期负债要在一年内偿付，现金流量不足。

（3）债务担保形成的或有负债。如果或有负债数额较大且可能发生，到期债务压力就会迅速膨胀，继而引发企业偿付危机。

（4）管理不善。资金浪费严重、现金利用率低、现金预算制度未得到执行，都会引发内部风险。

2. 外部风险因素。

如果超过企业预期，流动性风险就存在极大的不确定性，容易受到外部风险因素的影响，主要包括国际国内时局变动、宏观经济政策、不可抗力和其他偶发事件。具体内容如表2-1所示。

表2-1 形成流动性风险的外部因素

因素	说明
国际金融危机	金融危机不仅会让股票市场大幅下跌，也会让企业面临巨大风险。如果企业持有大量证券或股票，一旦金融资产的价值大幅度缩水，企业的流动性就会受到重创。尤其是发生金融危机时，市场流动性突然蒸发，筹资流动性受到限制，银行及风险基金拒绝或没有能力借钱给企业，企业就会面临严重的财务危机
国际环境变化	该因素对流动性的影响主要体现在跨国经营或对外贸易中。比如，企业贸易对象所在的国家政治环境不稳定，会影响到收汇；某些国家某个行业的经济受到进口产品的冲击，贸易保护主义便会盛行起来，加大对此类产品的进口限制，进而对中国出口企业的销售产生影响

续表

因素	说明
国内政策变化	这方面主要包括两点：一是货币政策的影响。国家实行宽松的货币政策，即中央银行采取增加货币供给和降低利率的政策，刺激内需，就有利于企业销售增长和获得现金流。二是融资政策的影响。当中央银行和各级金融机构放宽对企业的融资限制时，企业更容易从银行获得贷款融资渠道，同时拓宽融资渠道
通货膨胀	通货膨胀对企业流动性的影响主要有：通货膨胀使得物价上涨、材料价格大幅度提高、生产成本增加、持有的流动资产贬值、购买力下降、债偿能力减弱

需要注意的是，内生风险因素是可控因素，而外生风险因素是不可控因素。只有对流动性风险因素进行分析，才能帮助企业预防流动性风险；认识风险的根源，才能根据自身特点和外部环境建立风险识别、风险评估和风险应对等机制。

第13问 企业流动性风险的预警方法是什么？

企业的流动性可以通过财务比率的计量进行监控和预警。

流动性比率计量，可以对管理者提高流动性和防范流动性风险起到一定警告作用。

在流动性的监控、预警中最常用的是流动比率和速动比率，速动比率和流动比率的提高意味着流动性的提高；反之，就意味着流动性的降低。普通企业理想的最小流动比率是2，最小速动比率是1；否则，企业就可能存在比较严重的流动性问题。

同时，对于不同行业、不同企业来说，该比率的预警值也是不同的。

有些企业虽然比率很低，却可以在没有现金流量问题的状态下持续经营，并不会发生流动性风险。对于这样的企业来说，确定比率是否稳定并保持在可接受的范围更加重要。

流动性风险的预警信号有以下3种。

1. 内部预警信号。

内部预警信号主要包括企业的风险水平、盈利能力、资产质量，以及其他可能对流动性产生中长期影响的指标变化。

2. 外部预警信号。

外部预警信号主要包括第三方评级、发行的有价证券的市场表现等指标变化。

3. 融资预警信号。

融资预警信号主要包括企业的负债稳定性和融资能力等变化。

第14问　流动性风险的表现形式有哪些？

企业流动性风险的表现形式主要有3种。

1. 流动性风险可能是一种致命性的风险。

流动性的极度不足会导致银行破产，即使出现这种极端情况，往往也是其他风险导致的结果。例如，某大客户违约，给银行造成重大损失，可能引发流动性问题，就此引得人们对银行前途产生疑虑，开始大规模的资金抽离，或实行封冻。这两种情况，都会引发银行严重的流动性危机，甚至导致破产。

2.短期资产价值不足，无法应付短期负债的支付或未预料到的资金外流。

从这个角度看，流动性也是在企业困难环境下争取时间和缓和危机冲击的"安全垫"。

3.筹资困难，就无法以合理的代价筹集资金。

当然，筹集资金的难易程度还取决于银行的内部特征，即在一定时期内的资金需求及其稳定性、债务发行安排、财务状况、偿付能力、市场对银行的看法、信用评级等。

第15问　企业流动性风险的管理手段有哪些？

流动性风险管理是企业进行全面风险管理的重要内容，总体来说，主要包括以下3个方面。

1.加强资金使用计划申报管理。

公司的存款来源是全体成员，从理论上来说，企业完全具备对存款进行精细化管理的条件，只有加强沟通与交流，巧妙运用信息系统，才能对企业的资金使用计划进行定期申报管理，提前了解大额资金的流动，尽早进行资金头寸安排，最大效率地使用资金，防止流动性风险。同时，定期对企业资金使用计划申报的准确性进行考核与反馈，也能提高资金使用计划整体的质量。

为了解决企业资金计划填报不及时的问题，可以采取以下两个解决方案。

（1）用制度进行明确管理。要求工作人员及时、准确地填报资金计划，实现资金的统一调度与管理。

（2）公司将资金计划与存贷款价格联系起来，将资金计划填报纳入存贷款定价体系，通过价格因素来促进资金计划的严格执行。

2. 强化流动性指标的动态监测。

不断加强对流动性指标的监测，既是银监会外部监管的要求，也是公司自身管理的内在需要。特别是在公司流动性紧张时，更要对流动性风险的各项指标进行实时、动态监测管理，运用信息系统等手段，提高指标监控的准确性与及时性；同时，对指标进行观测与分析，预先对流动性风险进行预警，让公司提前应对。

对于公司来说，流动性方面的监管指标主要是流动性比例，监管要求不低于25%。在实践中，公司比较关注的指标，还包括存贷比和备付率。存贷比是监管部门的监测指标，没有严格的指标要求，一般按不高于100%掌握；备付率是公司需要关注的一个指标，备付率的高低，直接影响着公司的对外支付结算。如果备付率太低，会让公司陷入兑付危机。

3. 优化主动管理流动性的手段。

目前，公司主动进行流动性管理的手段比较有限，只有同业拆借、票据再贴现、卖断式信贷资产转让等，再加上同业拆借期限较短、资本金有限、再贴现规模极为有限、卖断式信贷资产转让手续烦琐。只有对各项流动性管理手段的特点进行综合分析，并匹配各自的启动条件，采用可用的各项手段，才能拓展渠道、理顺流程、加快效率。

具体来说，同业拆借的时间最多只有7天，资金用途具有严格限定，主要优点是效率高，为了及时开展，就要保持通畅的同业拆借渠道。对于再贴现来说，对票据类型与票据金额的要求越来越严格，审批周期较长，但成本低，自主性强，完全可以作为一种补充手段。

第16问 如何加强商务差旅费用的审批管理？

商务差旅涉及的人数众多，主要种类包括交通、住宿和餐饮等，因此，公司内的商务差旅费用管理流程并不简单。员工的商务差旅费用申请要经过经理、财务等多部门的层层审批，审批过程中，机票价格可能已经上涨，酒店也可能房源紧张，需要花费的钱比预算多很多。因此，商务差旅费用管理需要采用自动化的审批流程。

1. 提交出差申请。

搭建一个应用平台，让员工提交出差请求。可以创造一个表单，让员工输入自己的工号、姓名、手机号码、所属部门等关联信息，员工只要增加每次差旅的具体信息就可以了。

2. 进入审批流程。

员工提交了商务差旅出差请求，表单就会按照设置好的流程自动发送给其他人去审批；同时，可以让不同的审批人员看到不同的信息。

3. 提交费用清单。

员工在出差中拿到的收据，及时拍照上传，就能为报销省去很多时间。员工出差回来后，只要确保报销的项目符合公司规定要求，正常提交即可。

4. 差旅费用审批。

通过设置费用审批流程，确保相关信息适时传到相关审批人员处。在某些情况下，甚至可以设置自动审批差旅费用。例如，费用金额大于200

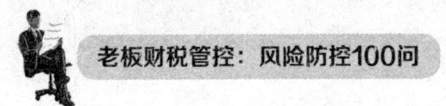

元时，才需要进行审批；小于或等于 200 元时，就可以选择自动批准此费用报销，这个过程能节省大量时间。

5. 完成差旅费用报销。

设置一个自动的差旅费用报销流程，即当财务团队审批通过后，报销款直接打入申请人的银行账户。

差旅费用管理工具，通常需要涵盖上述 5 个步骤。企业完全可以根据自己的需求，购买一个现成的软件或自己定制一个适合的软件。无论选择哪款管理工具，都要包括关键功能，如表 2-2 所示。

表2-2　差旅费用管理工具的关键功能

功能	说明
随时上传信息	员工在外面签单时，花在收集各类收据上的时间如果与花在和客户沟通上的时间同样多，会极大地打消他们的工作积极性。公司要不断简化报销流程，不能让报销占据工作的大部分。因此，随时随地通过手机、电脑等终端上传信息非常必要
尽可能自动化	在差旅费用报销的过程中，会出现很多手工上的漏洞，为了减少这类问题，从纸质收据到在电子表格中输入数据，都可以更加自动化。无论是对特定类别的自动审批，还是创建报销条目，都可以使用更自动化的工具
避免纸质收据	纸质收据容易丢失，且随着时间的推移还容易褪色，增加辨认难度。因此，最明智的做法就是，对收据进行扫描或拍照并将其备份到系统中

第17问　企业流动性指标有哪些？

企业资产流动性不足，现金流动就会不畅，就会加剧资不抵债等风险，长此以往将会影响到公司的募资能力甚至公司的存亡。

运用分析流动性指标，对企业一定时期内的资金周转情况进行观察，就能掌握企业资金的使用效率，在保证企业资产不受损的情况下，提高变现能力和偿债能力。变现能力是企业产生现金的能力，由近期有多少流动资产可以转变成现金决定；而偿债能力则反映了企业是否具备按约定及时偿还债务的能力。

1. 存货周转率。

存货周转率，可以用来反映存货的周转速度，即存货的流动性及存货资金占用量是否合理。不仅可以让企业保证生产经营的连续性，还能提高资金的使用效率，增强企业的短期偿债能力。同时，这也是对流动资产周转率的补充说明，是衡量企业投入生产、存货管理水平、销售回款能力的综合性指标。

需要注意以下几点。

（1）存货周转天数不是越少越好，比如，减少存货量，可以缩短周转天数，但可能会对正常的经营活动带来不利影响。

（2）关注构成存货的产成品、自制半成品、原材料、产品和低值易耗品之间的比例关系。正常情况下，各类存货之间存在某种比例关系，如果某类的比重发生大幅度变化，就可能存在某种问题。比如，产成品大量增加，其他项目减少，销售就可能不畅，放慢生产节奏，此时，总的存货余额可能并没有发生显著变化，甚至还没有引起存货周转率的显著变化。

2. 应收账款周转率。

应收账款是企业流动资产除存货外的一个重要项目。通常，应收账款周转率高，表明公司收账速度快，平均收账期短，坏账损失少，资产流动快，偿债能力强；反之，应收账款周转天数则是越短越好。能及时收回公司的应收账款，公司的资金使用效率便能大幅提高。

不过，应收账款周转率要与企业的经营方式结合起来考虑。下面几种情况使用该指标并不能反映实际情况：季节性经营；大量使用分期收款结算方式；大量使用现金结算的销售；年末大量销售或年末销售大幅度下降。

3. 流动资产周转率。

流动资产周转率的对比分析，不仅可以促进企业加强内部管理，充分利用流动资产，比如调动暂时闲置的货币资金，用于短期的投资创造收益等；还能促进企业采取措施扩大销售，提高流动资产的综合使用率。一般情况下，该指标越高，表明企业流动资产周转速度越快，利用越好。而要想实现该指标的良性变动，就需要主营业务收入增幅高于流动资产增幅。

4. 固定资产周转率。

固定资产周转率主要用于对厂房、设备等固定资产利用效率的分析，比率越高，利用率越高，管理水平越好。如果固定资产周转率与同行业平均水平相比偏低，则说明企业对固定资产的利用率较低，就可能会对企业的获利能力造成负面影响。需要注意的是，如果企业固定资产净值率过低(如因资产陈旧或过度计提折旧)或企业属于劳动密集型企业，这一比率可能就没有太大的意义了。

5. 总资产周转率。

总资产周转率综合反映了企业整体资产的营运能力。通常，企业资产的周转次数越多或周转天数越少，说明周转速度越快，营运能力越强。在此基础上，进一步从各个构成要素进行分析，就能查明总资产周转率升降的原因。之后，企业可以通过薄利多销的办法，加速资产周转，带来利润绝对额的增加。

对于企业来说，保持充分的财务流动性是其正常经营必须具备的基本条件之一。因此，客观准确地评价企业财务流动性状况，对企业本身具有十分重要的意义。

第18问　如何用现金分类法管理现金？

根据企业的不同使用目的，可以将企业账面现金分为三大类：日常资金、风险储备资金和专项储备资金。

1. 日常资金。

日常资金是企业日常经营性资金需求之和，主要包括员工工资、社会保险、公积金、员工福利费、办公费、差旅费、房租、物业费、水电费、交通费等，以此维持企业日常经营管理。如果日常资金不足，企业正常运转就会出现问题。

2. 风险储备资金。

企业用于防范某一主体短期资金需求的储备性资金，就是风险储备资金。为了防范流动性风险，企业可以计提部分资金作为风险储备资金，来应付公司内部流动性风险，不能挪作他用。

3. 专项储备资金。

为了满足某一个或多个大额专项资金需求，企业就可以准备一些专项储备资金，比如，为了保证将来的收购、偿还贷款、股东分红等，就可以将部分资金暂时冻结，作为专项储备资金。

当然，对于现金究竟分为哪几类，并没有固定的模式，企业可以结合自身的实际情况，将分类做得更科学合理。尤其是大型集团企业，子公司、分公司等经营主体众多,对资金进行有效的分类管理,并按照必要的方法和程序计提各类资金基金,就可以避免因资金过度消耗而导致资金链断裂,降低资金的流动性风险。

第19问　如何进行流动性分析?

流动性风险的根源在于硬负债与软资产的不对称性,是因流动性供给与流动性需求不匹配导致的。

流动性的缺少会导致企业遭遇困境或倒闭,虽然在某些情况下企业依然具有理论上的偿付能力,但多数企业依然存在资产与负债不匹配的情况,比如,用相对短期资金来源来支持长期投资(短债长投)。

资产负债错配,一场经济危机或拖欠事件,就能造成资金来源短缺。即使企业有足够的资产来兑付,仍可能无法足够迅速地变现其资产,或在合理的市场价格基础上变现,无法满足偿付的需求。尤其是中小企业具有特殊性,更需要将流动性风险视为其最为重要的风险,应予以高度重视。

企业的流动性,主要包括静态流动性和动态流动性。在同一时间点上,对支付义务和支付手段进行对比,就是静态流动性分析;对比一段时期的收入和支出,就是动态流动性分析。

1.静态流动性分析。

在公司的经营活动中,要支付原材料等货款、工资和津贴、税金等。

从债权者手里筹措的资金，虽然有长期和短期的区别，但都要在一定的日期内还债。因此，公司必须拥有偿还债务所需要的资产。尤其是对于流动负债，公司更要有按时可偿还的现金等速动资产。

在企业的流动性分析中，支付能力的分析也是一个重要的问题。企业支付能力的分析，是从银行等金融机构研究贷款的还债能力（信用能力）开始的，也就是研究企业在还债期限内，是否具有偿还借款能力。这也叫作信用分析。

目前，为了研究公司自身的支付能力，通常也会进行流动性分析。首先，要研究企业资本构成的健全性，分析企业的资产构成和投资规模；其次，要设定流动比率等信用比率，阐明支付能力。这些分析，就是企业资金的静态分析。

2. 动态流动性分析。

企业的经营活动，通常伴随着种种危险。例如，原材料的来源发生困难；不能进行设备更新；火灾、天灾等灾害；产品的销路恶化；回收销售债权有困难等。因此，企业要想具备经得起这些危险的能力，就要预备一定的资金和资产。缺少这种准备，即使获得充分的收益，一旦出现危险、资金周转困难等，就会造成破产。为了进行资金的活动性分析，为了分析资金活动的效率，首先要求出各种周转期，明确资金周转的实际状态；其次要应用收支比率，研究收入和支出之间的适应性。这些分析，就是企业资金的动态分析。

为了企业经营活动的持续发展，一定要充分考虑资金方面的储备，以面对突如其来的危险。

第20问 如何更新企业财务的管理理念和方法？

老板要更新企业的财务理念，使财会人员的财务管理能力和水平符合新时代的要求，并利用自己掌握的财务信息和知识，发挥懂经济、善理财、会管理的专业优势，成为管理层的参谋助手。

1.创新财务管理手段，提高会计信息质量。

在信息时代，企业会计核算、财务报告、资产管理、财务系统等更加规范，有助于真实地反映企业资产和负债信息，使决算报告、财务报告更加清晰地反映企业的财务信息和预决算执行情况，增强财务分析报告的精准性、可比性和有效性，提高财务信息的公开透明度，为管理层决策提供科学依据。

因此，要想让财会人员有效解决传统财务会计在安全性、数据共享方面的问题，使财务会计信息的获取、共享以及辅助决策等诸方面得到整体提高，促进业财融合，打破信息孤岛，就要重视信息化技术手段在财务管理工作中的创新应用。记住，只有推进管理会计应用，财会人员才能提高财务会计工作质量，为财务管理转型奠定良好的基础条件。

2.创新财务管理思维，提高财务管理能力。

"创新"是会计不断进步的灵魂，是企业财务兴旺发达的动力源泉。要想创新财务管理思维，企业老板就要这样做：让财会人员转变传统思维，以强烈的事业心和责任感，努力学习财务知识和财经法规，适时调整自我，提高自身整体素质，顶住激烈的竞争环境变化带来的压力；用超前思维不断创新财务管理模式，扭转目前财务工作事后参谋面临的被动局面；为做好财务分析和企业的财务管理提供最真实、最可靠的数据，最大限度地减少管理者决策中错判、误判的可能性。

3. 创新财务管理制度，强化内控约束机制。

财务制度是企业对部门工作行为的有效规范和约束，制度不健全，管理就会出现混乱，滋生不正之风，给企业和员工带来重大损失。为了防范这种风险，就要强化约束机制。

（1）让财会人员站在全局的高度，对部门财务管理工作中存在的问题进行深入思考和研究，为企业内部财务制度提出可行性的改进措施、建议或意见。

（2）利用信息化手段，逐步建立起完善的资金审批拨付、固定资产管理、差旅费、用车、接待、办公用品等信息化管理机制，将制度嵌入业务软件流程，用机器代替人工执行各项管理制度，最大限度地杜绝人为操作等违规现象，切实做到"用制度管人，用制度办事"。记住，只有在财务管理过程中形成有效的信息化牵制制度，才能使人员真正做到"各负其责、互相制约"。

4. 创新财务管理行为方式，提高财务工作价值。

财会人员的工作和行为代表着整个企业的形象，也直接影响着社会和各相关部门对企业的信任和支持。维持对内、对外良好关系，赢得他们的理解和支持，是做好财务管理工作的重要条件。

首先，在企业内部，要让公司财务不断创新管理行为方式，以娴熟的业务、团结友善的工作态度赢得领导与同事的尊重和支持，通过数据分析支持企业的各种业务决策，充分参与决策事项的事前规划和事中、事后监督控制，真正将财务成果转化到企业管理中。同时，财务管理中遇到问题，要及时与管理层进行有效沟通，充分表达财务管理存在的问题并提出建议，为管理层进行决策服务，降低运行成本，提高社会效益和经济效益。

其次，为了应对日益复杂的外部环境，及时化解企业外部潜在的财务风险，提高企业竞争能力，实现合作共赢，要站在企业管理层面，用良好的心态、过硬的沟通协作能力，加强同外部企业的联系。

第三章
资金回收风险：
紧抓管控，规避资金回收风险

第21问　如何做好企业应收账款管理？

如果说资金是企业的血液，应收账款就是企业的中枢神经。企业对应收账款的控制，不仅决定着流动资金的周转水平，还对销售业绩和市场竞争力有着直接影响。

如今，回款工作在销售管理中的重要性越来越突出。对于一般企业来说，赊销不可避免地会带来坏账，回款是从销售收入到经营性现金流的"惊险"一跃，回款率越低，企业损失越大。因此，能否顺利回收货款，决定着企业利益能否真正实现。

近年来，我国众多的中小企业濒临倒闭，多数是源于资金链的断裂。记住，做生意，回款比卖货更重要，赊销一定要谨慎！有这样一个案例。

经营着一家民营电缆企业的周总，有很多企业家共同的苦衷：客户的回款越来越慢，账期越来越长。公司与知名B公司合作多年，但鉴于多方面原因，B公司一直拖欠公司款项，导致周总的企业面临着诸多困难。多次催要，才结了两年前的账款。前两年市场形势不佳，周总没有办法；随着形势好转，周总已经不想再跟B公司合作了。

可见，做生意一定要意识到回款的重要性！回款的快慢直接影响企业的正常发展。

现实中，一些工厂业务员急于推销，对于交易条件，尤其是货款回收，采取低姿态，如"什么时候都可以！""到时候再说吧！"等到收不回货款时，才发现问题已经严重影响到企业的正常生产和运营。只有让员工明白"回款很重要，追款很困难"，才能避免这种情况的发生。

比如，企业应该有这样的意识：

（1）宁可失去这笔生意，也不冒险赊销。

（2）逾期账款要几十倍、几百倍的销售才能弥补。

（3）尽可能现款交易，收不回资金的销售，比没有销售更糟。

（4）回款之前一切销售都是成本，回款之后销售也仅完成了一半。

（5）不要用账面的销售额去支付工资和供应商的货款，抓紧现金！

（6）要账比销售更难，与其将大量的时间和精力花费在要账上，不如用这些时间去开发更多更好的客户。

第22问　如何进行其他应收款核算？

其他应收款主要包括应收的各种赔款和罚款、向员工收取的各种垫付款项、备用金等。其他应收款的核算，要掌握以下几个关键点。

1. 判断是否涉及或有资产。

在确认一笔其他应收款之前，要先思考该资产的产生是否取决于未来具有不确定性的事项，如果有，就要在基本确定收益会实现时确认其他应收款，否则不应予以确认。例如，企业通过法律程序提出索赔，就具有不确定性，只有在法院宣判享有索赔权利时，才能将相应的可回收赔偿款确认为其他应收款。

2. 严格遵照资产确认条件。

资产的确认条件是：与该资源有关的经济利益很可能流入企业；该资源的成本或价值能够可靠计量。在不涉及或有事项的情况下，要把握住"很可能流入"和"金额可靠计量"两个关键。尤其要重点关注是否有相关依据支撑经济利益很可能流入，常见的依据有商业合同条款、法律明文规定和第三方专业评估意见等。

3. 准确使用其他应收款科目。

如果一笔款项满足了确认为其他应收款需具备的所有条件，就要根据业务实质选择最为准确的其他应收款二级及三级科目，不能不做辨别，全部确认至"其他应收款/其他"科目。如此，不仅能确保现金流的准确归集，还有助于明确数据管理职责，便于后续相关责任人对数据进行分析和跟进。

第23问　存货的核算方法有哪些？

存货发出可以采用实际成本核算，也可以采用计划成本核算。如果采用实际成本法，则在存货发出时，要在先进先出法、月末一次加权平均法、移动加权平均法、个别计价法等方法中做出选择。如果按照计划成本进行存货核算，则要对存货的计划成本和实际成本之间的差异进行单独核算，最终将计划成本调整为实际成本。

1. 个别计价法（个别认定法）。

该法计算准确，具体计算过程如下：按照各种存货逐一辨认各批发出存货和期末存货所属的购进批别或生产批别，分别按其购入或生产时确定的企业成本计算各批发出存货和期末存货成本。缺点是：工作量大，只适用于少数企业。

2.先进先出法。

先进先出法可以随时结转存货发出成本。具体计算过程如下：按先进先出的假定流转顺序来确定发出存货的成本及期末结存存货的成本。缺点在于：比较烦琐，如果存货收发业务较多、存货单价不稳定，工作量就更大。

3.月末一次加权平均法。

该法简化成本计算工作，具体计算公式如下。

存货单位成本＝总成本÷总数量＝（月初存货结存金额＋本期购入存货金额）÷（月初存货结存数量＋本期购入存货数量）

本月发出存货成本＝本月发出存货数量×存货单位成本

本月月末库存存货成本＝月末库存存货数量×存货单位成本

缺点在于：平时无法从账簿中查询存货的收发及结存金额，需到月末才能计算出相应的结果，不利于存货成本日常管理与控制。

4.移动加权平均法。

具体计算公式如下。

存货单位成本＝（原有库存存货实际成本＋本次进货实际成本）÷（原有库存存货数量＋本次进货数量）

本次发出存货成本＝本次发出存货数量×本次发货前存货单位成本

本月月末库存存货成本＝本月月末库存存货数量×本月月末存货单位成本

第24问　如何防范预付账款存在的潜在风险？

预付账款是企业按照购货合同的规定，提前以货币资金或货币等价物支付供应企业的款项。

对购货企业来说，预付账款是一项流动资产，一般包括预付的货款、预付的购货定金；而施工企业的预付账款主要包括预付工程款、预付备料款等。预付账款一般由采购人员提出付款需求，经相关领导签字确认，之后拿到财务部门，由财会人员来支付。

在竞争日益激烈的市场经济条件下，预收预付款项已经成为市场竞争的工具之一。企业预付账款快速增长，则表明公司对供应商的议价能力不强，为了购买产品或服务不得不提前支付款项。那么，作为购货方，企业该如何提高预付款项的风险管理意识，避免预付款项的坏账风险呢？

1. 谨慎选择供应商。

从商业角度来说，只有交易双方比较弱势的一方，才愿意通过预付账款的方式进行结算。收款的一方，通常是拥有比较紧俏、畅销的产品，供不应求；或者是比较特殊的行业，比如房地产行业。

款项预付后，供应商是否诚信，能否按期履约交付货物或者服务，决定着采购业务能否顺利完成。因此，谨慎地选择供应商，对供应商的资信情况进行严格审查，就从根源上为预付账款提供了安全保障。

预付账款的适用范围如下。

（1）商业信誉较好的企业之间。

（2）在有担保的情况下，常见的方式有第三方担保或保函、信用证的约束条款。

（3）关联公司、跨国母子公司之间。

（4）市场上紧俏的商品，或者是成套的大型设备的进口。

2. 对预付款项进行跟踪管理。

采购部门作为预付账款的第一责任人，在签订合同时，应严格约定合同的条款，防范法律风险，对于预付账款的比例、付款方式、履约条件等条款的约定必须谨慎。同时，要及时跟进合同的进度，了解供应商的经营状况和供货安排，对供应商进行风险评估，防止给企业带来损失。已经发货的，应尽快检查入库，及时清账。

财务部门是预付账款的监督部门，应定期对预付账款的挂账情况进行分析，对于逾期的预付账款，及时通知采购部门，并作为重大事项上报，提示财务风险。采购部门则需深入了解逾期的原因，尽量减少企业的损失。

3. 健全预付账款管理的相关制度。

健全预付账款管理的相关制度，具体内容如表3-1所示。

表3-1 预付账款管理制度的具体内容

内容	说明
健全预付账款管理责任制度	比如，工程管理人员负责预付账款中的设备管理工作；材料核算人员负责预付账款中的材料结算管理工作；供应部门负责预付账款的清查、催收工作
建立预付账款控制制度	为了严格控制预付账款的发生，节约货币资金的支出，要按照经过部门主任、总会计师审批后的购货合同的条款，办理预付账款支付手续，没有签购货合同，不能付款

续表

内容	说明
建立健全预付账款清理责任制度	要按购货合同规定的时间，组织交货，验收入库，及时报销。如果确实有确凿证据表明发生的预付账款不符合预付账款的性质，或因供货企业破产、撤销等已无望再收回所购货物，就要将其转入其他应收款。年终时，财会人员要全面清查预付账款，与对方核对，并取得对方签章，明确债权，做到账实、账账相符

第25问　如何建立分销体系，降低资金回收风险？

建立一套实用的分销渠道管理系统对于企业降低资金回收风险有着至关重要的作用。

1. 建立一体化的营销渠道。

一体化垂直营销渠道是由制造商和经销商（包括批发商和零售商）组成的联合体，大家统一行动，实现规模优势，增强谈判实力，减少某些环节的重复浪费，就能消除渠道为追求各自利益而造成的损失。现实中，很多冲突都来自经销商与制造商之间较为松散的合作关系，渠道也在追求自己利润的最大化，为了消除内耗，就要加强两者之间的合作，形成利益与共的紧密联系。

2. 构建长期的合作关系。

构建长期的合作关系是激励分销商的一种方式，也是消除渠道冲突的一种方法。如今，企业的市场开发、市场覆盖、寻找顾客、产品库存、为顾客提供服务等已经离不开经销商的支持，而与经销商建立长期的合作关系的最高形式就是分销规划。

所谓分销规划，就是建立一套有计划的、专业化的垂直分销渠道管理系统，把生产企业与经销商的需要集合起来；然后，制造商在市场营销部门下设一个专门的分销部门，主要工作是确认经销商的需要，指定交易计划和其他方案，帮助经销商以最适当的方式经营。

3. 建立产销战略联盟。

所谓产销战略联盟，就是从企业的长远角度考虑，产销双方（生产企业和经销商）通过签订协议的方式，形成风险利益共同体。按照商定的分销策略和游戏规则，一起开发市场，共同承担市场责任风险，共同管理和规范销售行为，共同分享销售利润。根据紧密形式，可以分为会员制、联盟性质的销售代理与制造承包制，以及合资、合作、互相持股的联营公社形式。

产销战略联盟是一种关系营销，其最大的特点是参与联盟的企业具有共同的战略目标，一旦渠道遭遇外来威胁，为了实现共同目标，成员就会紧密合作，涉及领域为市场份额、高品质服务、顾客满意度等。如此，就能战胜威胁，实现最终目标价值。

4. 制造商的品牌能力建设。

一旦生产领域与销售领域的力量对比发生转移，生产商的品牌建设能力就会逐渐下降，当生产商越来越受控于经销商时，要想获得短缺经济时代对经销商的控制能力，就要加强品牌建设，提高产品能提供给顾客的溢价价值。如今的市场充满了同质低价的低层次竞争，只有集中于品牌竞争，在与经销商的关系中占据主导地位，才能拥有强势品牌，赢得垄断优势。

5. 有效地控制渠道。

在产品营销中，渠道控制是企业构建分销渠道管理系统的重要组成部分，可以解决企业产品上市初期渠道不畅、销售费用太多等困难；也能解决需要密集分销的产品在市场网络建设中的不足等问题。另外，对于分销渠道中出现的冲突，还能起到预先控制的作用。

第26问　企业赊销风险怎么破解？

所谓赊销，就是以信用为基础进行的销售，简言之，就是卖方与买方签订购货协议后，卖方让买方取走货物，而买方按照协议在规定日期付款或以分期付款形式付清货款。赊销风险是企业经营中发生频率最高、遭受损失最大的风险之一，比如，恶意拖欠、故意赖账、企业经营不善等。

数据显示，大多数中小企业资产价值的60%以上是应收账款。而企业赊销账款带来的风险，远比想象中要大得多，现实中，因赊销而造成的流动资金不足，导致企业陷入困境的案例比比皆是。

企业要想控制赊销风险，可以从以下几个方面做起。

1.树立法制观念，强化防范意识。

市场经济是法制经济，对赊销和应收账款进行管理时，要树立法制观念，增强法规意识。既要遵纪守法，还要运用法律保护自身的合法权益。

（1）赊销的手续应符合法律诉讼证据的要求。赊销手续的设计要科学、合理、严密、完整，应有的内容和项目必须设置齐全，不能出现遗漏。如此，才能减少出现债务纠纷的可能性，并为顺利解决可能出现的债务纠纷奠定安全基础。

（2）重视赊销协议或赊销合同的签订。为了减少出现纠纷的可能性，合同的形式和内容必须符合法律、法规的规定，必要的条款应该严谨、完整，措辞严密，表述准确。同时，还要为出现纠纷时寻求法律保护拟订准备性条款。

（3）防止未收回的货款超过诉讼时效。要想实现这一目的，可以要求对方先支付货款的一部分，取得诉讼时效期间催收的证据；也可以让企业的法律顾问向对方发出律师函催收。

（4）依法经营。经营行为必须符合法律、法规和有关政策规定，否则就会增加赊销风险，一旦出现纠纷，企业就可能自认倒霉。

2. 实行合同化管理。

对赊销业务实行合同化管理，用合同来规范赊销行为，合作双方就重要事项协商一致后，需要签订销售合同，明确双方的权利义务。不过，这里有几个细节是需要注意的。

（1）条款应该严密、完整。必须明确标的物的名称、品种、规格、型号、单价和金额，明确还款期限和计算期限的起点，明确标的物应达到的质量标准，明确损害赔偿办法和违约责任等内容。

（2）手续必须完备。合同的签字、盖章以及签署时间等，必须是正确的、齐全的和完整的。

（3）对签订的合同进行登记，及时检查和监督履行情况，将出现的问题记录下来。为了更好地掌握情况，制定对策，要把购货方的履约情况及时反馈给有关负责人。

3. 建立规章制度，完善基础工作。

（1）建立赊销管理制度。只有建立赊销管理制度，赊销工作才能变得更加规范、有序，赊销工作才能有法可依、有章可循。为了实行规范化管理，制度应该包括如下内容：赊销前对企业信用进行考察和评估；赊销金额及对应的审批权限；赊销经办人员及赊销审批人员的责任认定和相应的处罚措施；赊销手续的办理程序等。制度应该体现"前款不清，后货不赊"的原则，既要为诚实守信的客户提供适当充分的赊销货物，增加收入，又要对信用不良的客户进行限制或停止赊销，减少呆账和坏账损失。

（2）认真做好赊销基础工作。具体方法如表3-2所示。

表3-2　做好赊销基础工作的方法

方法	说明
及时核对账目	在应收账款处理的过程中，经过对方确认的对账单，可以作为后来诉讼中的直接和有效证据，促成诉讼成功，有利于顺利地追回货款。因此，要及时同购货方核对账目，核对完毕必须签字盖章，予以确认
严格执行赊销审批制度	在分析和考察客户信用基础上，按照赊销金额及对应的审批权限进行审批，按照规定的程序办理赊销手续，严禁违规办理赊销业务，严禁擅自赊销商品
手续格式齐全	赊销手续格式应该统一、规范、科学、合理，填写要正确、完整，签字和盖章必须齐全，不能有遗漏。不符合规定的赊销手续，不能办理赊销业务

4.做好信用的考察和评估工作。

仅凭有关人员的印象是远远不够的，也不可靠，必须进行综合考察。为了深入了解客户、认识客户并掌握其信用状况，可以从以下几点做起。

（1）从内部收集信息，建立客户信用档案，加强对客户信用信息的管理，安排专人管理信用档案。信用档案主要记录客户履行合同或协议情况，不仅要如实反映履约中的守信行为和不良行为，还应考察客户合同之外的其他业务交往行为，对其中涉及信用的部分进行收集和记录，从另一方面了解和掌握情况。

（2）从外部收集信用信息，关注客户的经营状况，了解其他企业和有关部门等对客户的反映和评价，掌握更加全面的情况。

（3）定期召开客户信誉评估会，客观、全面地分析客户的资信情况。

在合作中，要观察客户是秉守信用、精诚合作，还是不守信用、难以合作；客户的违约是因为特殊情况偶尔为之，还是属于习惯行为乃至恶意欺诈。

5.制定和落实应收账款对策。

如果赊销货款无法按时足额收回，就要及时制定应收账款对策，安排专人追收。

（1）落实和划分责任。应收账款的追收要坚持"谁赊账谁要账"的原则，落实和确定应收账款的责任人。直接责任人为赊销业务的经办人员，负责审批的负责人和经理分别承担相应的责任。

（2）制定应收账款对策表。该表中，不仅要明确对方企业名称、应收内容、应收金额、形成原因，明确应收账款形成的时间、赊销合同约定的货款回收时间以及本对策表规定的收款时间，还应该明确收款责任人应该承担的收款责任。

（3）长期不能收回的，另行处理。如果某个款项长期未收回，就要立刻停止该责任人对该项应收账款的回收工作。同时，还要制定鼓励政策，鼓励其他人员回收。如果由其他人员收回，为了调动他们的积极性，可以给予一定比例的提成奖励。

（4）严格执行应收账款对策表。负责应收账款回收的部门要及时催促和检查应收账款回收工作，每月进行一次考核，月底兑现。对于回款工作出色、业绩优秀的人员，给予一定的奖励。

6.建立同客户的良好关系。

要想减少赊销风险，就要重视文明礼貌与商业礼仪，树立良好的企业形象。

（1）要诚实守信，坦诚相见，与人为善，与人为伴，建立互信合作、平等友好的关系。

（2）要及时进行信息沟通和情感交流，求同存异，增加互相谅解。

（3）要适当考虑回收货款的时间、地点、方式等因素，争取对方的理解和配合，顺利收回货款。

第27问　对营销人员的回款问题如何进行考核？

通常，公司都会对工作人员的回款情况进行考核。那么，如何进行考核呢？

1. 要制定规范的规章制度。

（1）制定严格的销售回款制度，且与销售人员薪资挂钩，比如，回款率达到60%才有提成，且只提销售额的60%。

（2）制定回款特殊奖励。为了解决年底回款的大难题，可以对销售做出特殊奖励，比如，回款率达到百分之××，奖励××元。

2. 要制定考核销售人员回款的标准和激励措施。

（1）将回款率与销售人员的绩效工资联系起来，比如，将回款的数额划分档次，确定绩效等级。

（2）回款余额不仅要有客户的确认函，还要附有还款计划，比如，还款日期不能超过合同预约期的3个月。

（3）奖惩。对于回款率在90%或以上的销售人员，给予重奖；对于连续两年不能完成回款任务的销售人员，给予辞退。

（4）鉴于市场催讨的难度，可以适当提高工作人员绩效工资的总额。

（5）以公司现金周转量为基准，确定回款的底线，即回款金额和回款比例。

那么，如何确定员工回款考核指标呢？

对于销售人员回款考核的指标，可以分别设定部门的销售目标与销售回款率、个人的销售目标与销售回款率，并进行月度回款目标监控。

对于销售回款，各部门应做好控制，及时统计销售人员的业绩及回款情况，并与财务部门及时沟通，让其了解货款到账情况。

1. 销售回款目标的设定。

管理者应根据销售活动的实际情况、部门销售目标及企业销售回款任务要求，制定每月销售目标及销售回款目标，并进行分解，要具体到销售人员，让每位销售人员都了解自己的任务目标。

具体的月度销售回款目标可以设置为：部门销售目标××万元，销售回款率应达到××%～××%；个人销售目标××万元，销售回款率应达到××%以上。

2. 销售回款考核。

（1）每月10日，考核回款目标是否完成全月指标的20%。

（2）每月20日，考核回款目标是否完成每月指标的70%。

（3）每月27日，考核当月回款是否已100%完成全月指标。

3. 回款奖惩办法。

将企业的货款回收与销售人员的业绩考核直接联系起来。在销售过程中，销售人员的回收款项业绩不仅与个人利益挂钩，还要跟回收账款的管理联系在一起，使应收账款处在合理、安全的范围之内。

第28问 做好应收账款的跟踪有哪些流程？

为了保障企业利益不受影响，应收账款一旦形成，就应该开始考虑如何按期足额地收回。要使催款工作能够顺利完成，就要对应收账款的运行状态进行跟踪分析。具体来说，跟踪分析可以从以下流程入手。

1. 定期进行应收账款对账。

定期进行应收账款的对账工作，通常包括总账与明细账的核对、明细账与相关客户企业往来账的核实。如果本企业明细账与客户企业往来余额对不上，必须让工作人员配合财务部门做好对账工作，并定期向欠款客户寄送对账单，对账单要由双方当事人、财会人员确认无误并盖章加以确认。

在对账过程中，企业相关部门或销售人员应在日常工作中设立统计台账，记录客户产品的发出开票情况；同时，以银行对账单的形式与客户对账，由对方确认，为及时清收应收账款做好前提工作。

2. 加强对应收账款的监督。

应收账款发生的时间有长有短，有的刚刚发生，有的已经超过规定期限，特别是应收账款较多的，时间长了，几乎没有回收的可能性，不仅会给企业造成重大损失，还会给自身带来不良影响。因此，应随时监督，做到心中有数。企业也要制定一套完整的账款催收监督制度和体系，让销售人员根据企业已有的规章制度进行追踪，提高未来应收账款的变现能力和变现速度。

3. 成立专门的账款清收小组。

客户延期付款的理由有很多,有些可能是因为一时的资金紧张,有些则可能是恶意拖欠,要分清客户欠款的实际原因。如果有些应收账款确实已经产生,就要由原款项经办人部门领导和企业负责人组成账款清收小组,负责应收账款的清收。

第29问 如何管理信用额度,控制回款风险?

如今,市场竞争不断加剧,应收账款已成为现代企业的主流交易模式,同时也是一种特殊的商业信用方式。如此,企业销售额的有效提高,减少产品存货压力,也就成了产品销售中的重要优势。但随着应收账款的不断增加,信用风险也日益凸显,坏账、死账等问题屡禁不止,企业资产也会受到一定损失。因此,必须加强企业信用风险管理,保障企业经济效益。

1. 企业信用风险管理的意义。

(1)有利于促进企业的良性发展。加强企业信用风险管理,不仅能避免客户拖欠账款、违反合约现象的出现,还能加强合同签订审查,确保合同效力,保证企业资产不受损失。同时,能为企业建立良好的信誉,规避企业与客户在生意往来中的信用风险,提高企业在市场竞争中的优势地位,及时抓住市场机遇,促进企业良性发展。

(2)有利于树立良好的企业形象。在市场经济发展环境下,企业形象

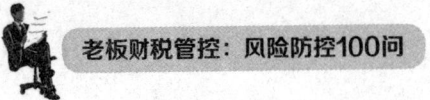

与信誉会直接影响企业的生存与发展，形象不佳，就容易被市场淘汰。因此，企业要想获得良好的发展，在行业内树立良好的形象，就要以身作则，建立良好的信用风险管理机制，提高企业的品牌影响力。

（3）有利于企业与客户建立良好的信用关系。企业信用风险之所以存在，一个重要的原因就在于，企业对客户信息掌握不全面，对客户信用状况未进行详细分析与核查，预估错误，威胁到企业资产的安全。实施企业信用风险管理，就能对客户信用进行风险预估，准确掌握客户的信用状况，并以此为依据确定与客户的合作关系，与客户建立起良好的信用关系，促进企业业务的健康运行。

2. 企业信用风险管理的有效对策。

（1）强化部门合作。为了进行有效的企业信用风险管理，就要建立部门合作机制，鼓励全员参与。特别是对于销售部门与财务部门，更要加强沟通，权责明确，通力合作。销售部门应转变以往重业绩、轻账款收回的状况，加强应收账款管理；财务部门应加强人才队伍建设，定期进行人员培训，更新财会人员的管理理念，规范业务操作，强化信用风险管理意识。

（2）确立客户信用奖惩机制。在企业信用风险管理中，为了提高客户信用管理效果，针对不同客户的信用情况可以予以政策奖惩。比如，如果客户信用状况良好，可以适当放宽货物交易数量限制，并予以价格优惠，在货物生产与售后服务方面予以优先服务，同时适当延长账款结算时间，保证其供货数量；对于信用状况较差的客户，要给予一定的政策约束，适当缩短付款期限。

（3）提高信用风险应变能力。在与客户的合作过程中，要及时跟踪客户的履约情况，一旦发现潜在的不良风险，就要采取有效策略，及时应变,将企业损失降到最低。对于阶段账款,应及时收回,并进行准确对账;同时,还要设立专门的信用风险管理部门,并配备一定数量的收款人员,对其进行业务培训,提高业务能力,将货款收回主动权掌握在企业手里。

第30问 如何有效防范坏账风险?

坏账,是无法收回或收回的可能性极小的应收账款。发生应收账款和坏账,是企业经营过程中的正常现象,但会给企业造成损失,因此经营者必须了解能够有效识别潜在坏账的方法,并掌握一些防范坏账发生的知识。

情形1:债务人股东陷入僵局,且持续半年以上。

股东之间保持和谐是公司正常运行的根本保证,一旦股东之间陷入僵局,公司经营必受其累,如果股东之间不和持续达半年以上,就容易生出异心。公司是股东投资创建的,一旦有股东准备离开,必然不会轻易将成果拱手让人,要么将能带走的都带走,要么干脆毁掉。作为债权人,一旦发现债务人公司出现股东不和,就要引起警惕;如果这种不和持续达半年,就要采取措施追索债权。

情形2:自然债务人年事已高或病情严重。

自然债务人年事已高或病情严重,可能将不久于人世。如果有负债,为了不将其留给继承人,在临死前人们多半会将自己的财产提前转移或处置。债务人死亡,债权人处于信息劣势地位,例如,没有及时知晓该情况、不了解债务人继承人的信息,就无法及时提起诉讼,时间久了再去诉讼，就无法获得足够的证据和财产线索，胜诉及执行的难度都很大。在这种情形下，应收账款势必多半都会变成坏账。

情形3：债务人已经失联或即将失联。

债务人已经失联，是指债权人无法有效联系到债务人，包括无法正常以电话、短信、微信、邮件或会面等方式进行双向沟通。即将失联，是指债务人已经开始有意逃避债权人的联系。例如，多次不接电话、不回信息、不肯见面等。这些情形的出现，意味着债务人已经或准备赖账，会迅速转移、隐匿其所有的各种财产。债权人只有立即起诉并申请财产保全，才有可能追回账款。

情形4：债务人公司创始股东全部退出。

通常，公司的创始股东是不会轻易退出的，即使引入战略投资者，创始股东最多也只会转让部分股权，只有当他们已经对公司失去了兴趣或信心，创始股东才会完全退出公司。而使创始股东失去兴趣或信心的原因，往往是公司没有了正常的盈利能力，甚至公司已经被掏空，变成了空壳。对债权人来说，这是一个危险信号，必须立即起诉并申请财产保全。

情形5：账款逾期已经接近3年。

"3年"是《中华人民共和国民法典》规定的一般民事法律权益的诉讼保护时效，一旦债务逾期超过这个期限，债务人就获得了合法的抗辩权，可以理直气壮地拒不还钱。按照人的正常心理，债务逾期能达到3年，就会成为严重失信之人。因此，一旦账款逾期接近3年，就要立刻采取法律措施追索，至少应中断诉讼时效。

情形6：债务人被列入失信被执行人名单。

失信被执行人是指，有能力履行债务而拒不履行的被执行人。比如，债权人和法院都没有发现被执行人名下可供执行的财产或虽有财产但难以执行，遇到这种情形时，债权人应该毫不迟疑地起诉，尽可能将相关责任主体列为共同被告，并迅速采取财产保全措施，否则应收账款很可能会成为坏账。

情形7：负债较多的自然债务人准备离婚。

实践中，很多人都会为了逃避债务而离婚，伴随而来的便是财产的分割和转移。如果债权人不及时起诉并申请财产保全，等到债务人离婚之后甚至过了一两年，账款很可能就收不回来了。

情形8：企业债务人经营陷入困境。

企业债务人经营陷入困境，可能将停止经营（解散、注销、破产），财产可能已经所剩无几，不及时起诉，等到众多债权人一齐起诉维权时，很可能导致债权最终得不到实现。

情形9：债务人发生多起未结诉讼，被诉请支付金额较大。

当债务人发生多起诉讼且被诉要求支付的金额较大时，债务人往往会为了逃避债务而提前转移或隐匿财产，债权人必须迅速采取财产保全措施，否则账款很可能将来无法收回。

情形10：债务人公司被企业同行收购。

在经济学领域，"摧毁"竞争对手的一个重要手段就是收购。先收购，再"摧毁"。所谓"摧毁"，就是掏空，最终破产。债务人破产，众多债权人只能打碎牙往肚里咽。

债务人出现以上情形之一时，债权人应立即起诉并申请财产保全，如果暂时不方便起诉，至少应该要求债务人提供有效的担保。记住，坏账本不可怕，但坏账多了就变得可怕了；更可怕的是，企业已经意识到潜在的坏账很多，却依然无动于衷。

第四章

收益分配风险:
完善制度,杜绝收益分配风险

第31问 究竟什么是企业收益分配风险?

收益分配是企业财务循环的最后一个环节,主要包括留存收益和分配股息两个方面。

所谓收益分配风险,就是企业由于收益取得和分配而对资本价值产生影响的可能性。

企业收益分配风险主要有以下几个方面。

1. 降低股东和员工的积极性。

过度保留留存收益,会引发股东和员工短期利益与长期利益的冲突。当企业保留盈余时,其假设前提是能获得更多的未来收益,但企业规模逐渐扩大、市场竞争日益激烈,投资报酬率增长是逐渐下降的。一旦企业的投资报酬率无法满足股东和员工的最低要求,就会挫伤他们的积极性;同时,未来收益的不确定性,会让股东和员工产生不满情绪,影响企业未来发展。

2. 无法及时筹集投资所需资金。

如果企业未能预计投资的时间、所需资金,就可能过度发放股利,造成企业投资的内部资金不足,企业需要放弃投资机会或加大外部筹资额度。一般来说,外部筹资的风险高于内部筹资风险,企业内部收益的风险会传递和加大外部筹资风险,并进一步影响整个企业的筹资风险。

3. 虚盈实亏、过度分配。

有些企业选择的财务政策不当或处于通货膨胀时期,虽然账面上看起来是盈利的,但现金流实际上是不能维持企业的简单再生产的。企业的现金流被侵蚀掉,就不能以账面利润对企业进行分配,甚至不能维持企业的再生产。

4. 股价下跌影响企业再筹资。

企业收益的过度留存,会挫伤投资者的积极性,引起股价的下跌,影响企业的未来外部筹资,加大企业的筹资风险。同时,企业收益分配政策选择不当,也会影响企业的股价波动和未来筹资。

5. 降低企业偿债能力。

企业过度发放盈余或以现金形式发放盈余,会影响企业的流动资金,降低企业的偿债能力。

第32问 收益分配的种类有哪些?

公司的收益分配主要分为两种:一种是外部分配;另一种是内部分配。

1. 外部分配。

公司当年税后利润分配的法定顺序如下。

(1)提取法定公积金。提取税后利润的10%列入公司法定公积金;公司法定公积金累计额为公司注册资本的50%以上的,不再提取。

(2)弥补亏损。当公司已有的法定公积金无法弥补上一年度公司的亏

损时，先用当年利润弥补亏损。

（3）提取任意公积金。提取法定公积金后，经股东会或股东大会决议，还可以从税后利润中提取任意公积金。

（4）向股东支付股利。公司弥补亏损和提取法定公积金后，所余利润应分配给股东，向股东支付股息。

2. 内部分配。

关于股息的分配：有限公司股东按照实缴的出资比例分配红利，全体股东约定不按照出资比例分配红利的除外；股份公司按照股东持有的股份比例分配，股份公司章程规定不按持股比例分配的除外。

第33问　收益分配的主体有哪些？

收益分配主要是以企业的税息前利润（利息、所得税和净利润）为对象，在各利益主体间进行的分割。比如，企业对一定时期内的生产要素所带来的利益总额进行分割。参与公司利润分配的主体如下。

1. 政府。

在利润分配前，政府会以税收形式从公司利润中提取一部分。

2. 股东。

先利用法定公积金实现资本的累积；提取法定公益金后，通过股利分配，对利润进行再分配。

3. 员工。

公司提取法定公益金，作为公司员工福利；基于福利的利润分配权，员工优先于股东利润分配权,为当年税后利润的 5%~10%。只要有利润,都要提取法定公益金。

第34问 传统企业,如何进行收益分配?

收益分配风险是客观存在的,既源于人们认识的局限性,又源于客观事实未来变化的不确定性,但只要根据收益分配风险的客观规律,采取特定的措施,就能对其实施有效的控制。

1. 做好与股东和员工的协调沟通。

收益分配中的一个重要风险来源于不能正确处理财务关系,如果无法有效处理这种关系,企业未来向股东筹资就会困难重重,挫伤员工的积极性。因此,在收益分配的风险控制上,应积极地进行沟通,既要考虑到短期利益,也要考虑到长期利益,充分调动员工的积极性。

2. 提升财务反映企业真实财务状况的能力。

财务收益计量的不准确性是造成企业收益过度分配的一个主要诱因,采用传统财务记账时,要注意可选择方法的适用范围,尽量选择能真实反映企业客观收益情况的处理方法;在计算财务收益的同时,要重视企业收益质量和现金流量的分析,选用合适的收益分配形式。

3. 注意收益分配过程中的信号传递作用。

在资本市场环境中,收益分配的方式、时间和稳定性会向投资者传递出某种信号,影响企业未来的筹资。因此企业在决定收益分配政策时,不仅要考虑影响收益分配的因素,还要参考收益分配向资本市场传递的信号

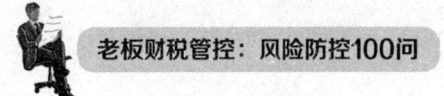

及资本市场可能做出的反应,考虑对企业未来筹资的影响。

4. 准确编制投资预算和外部筹资预算。

资金风险,是正确编制内部收益分配预算的前提条件,依据投资预算和外部筹资预算编制收益分配预算时,要注意预算编制的弹性及外部环境可能会出现的变化情况,准确预测投资所需的资金、时间,以及外部筹资可获得的资金数额。

5. 统筹企业的资金安排。

为了确保企业能及时偿还到期债务,就要综合考虑企业外部筹资风险和收益分配风险,努力将筹资风险控制在合理的范围内,安排好企业的流动资金。

第35问 企业收益分配的顺序是什么?

依照《中华人民共和国公司法》(以下简称《公司法》)的相关规定,公司当年税后利润分配规定的法定顺序如下。

1. 提取任意公积金。

经股东会或股东大会决议,提取任意公积金,任意公积金的提取比例由股东会或者股东大会决定。任意公积金不是法定必须提取的,是否提取以及提取比例由股东会或股东大会决议。

2. 提取法定公积金。

提取税后利润的10%列入公司法定公积金;公司法定公积金累计额为公司注册资本的50%以上的,不再提取。已提取的法定公益金用于本公司员工的集体福利。

3. 支付股利。

公司弥补亏损和提取公积金后，所余利润应分配给股东，即向股东支付股息。

4. 弥补亏损。

在公司已有的法定公积金不足以弥补上一年度公司亏损时，先用当年的利润弥补亏损。

这里需要说明的是，股份有限公司有着自己的特殊性，在提取法定盈余公积金和法定公益金后，应按照下列顺序进行分配：支付优先股股利—按照公司章程或者股东会决议提取和使用任意盈余公积金—支付普通股股利。

如果公司当年没有利润，就不能向股东分配股利，但在用盈余公积金弥补亏损后，经股东大会特别决议，可以按照不超过股票面值6%的比例用盈余公积金分配股利；分配股利后，企业法定盈余公积金不能低于注册资本金的25%。

另外，企业发生的年度亏损，可以用下一年度实现的税前利润弥补；如果下一年度税前利润不够，可以在5年内延续弥补；5年内不足弥补的，应该用税后利润弥补。

需要注意的是，企业没有弥补完以前年度亏损的，不能提取法定盈余公积金和法定公益金；在提取法定盈余公积金和法定公益金之前，不能向投资者分配利润。

第36问　企业收益分配的原则包括哪些？

利润分配的过程与结果，关系到所有者的合法权益能否得到保护，关乎企业能否长期、稳定发展，因此企业必须加强利润分配的管理和核算。

企业利润分配的基本原则如下。

1. 资本保全。

资本保全是现代企业制度的基础性原则之一，企业在分配中不能侵蚀资本。利润的分配是对经营中资本增值额的分配，不是对资本金的返还。按照这一原则，首先应该弥补亏损，然后再进行其他分配。

2. 依法分配。

企业利润分配的对象是缴纳所得税后的净利润，该利润是企业的权益，企业有权自主分配。国家有关利润分配的法律和法规主要有《公司法》《中华人民共和国外商投资企业法》等，在利润分配中，企业必须执行上述法律和法规。

3. 保护债权人利益。

按照风险承担的顺序及其合同契约的规定，企业必须在利润分配之前偿清所有债权人到期的债务；同时，分配完利润后，企业还要保持一定的偿债能力，以免发生财务危机，影响到企业的生存和发展。

4. 长短期利益兼顾。

利益机制是制约机制的核心，而利润分配的合理与否是利益机制最终能否持续发挥作用的关键。利润分配涉及投资者、经营者、职工等多方利益，企业不仅要兼顾到所有人的利益，还要尽可能地保持合理的利润分配。

第37问　利润分配的来源在哪里？

对企业收益进行具体界定时，要注意以下两个方面。

一方面，从价值决定因素的角度来说，企业创造的但不归权益主体所有的收入，不能作为企业收益，比如税收。无论是流转税，还是所得税，都不能作为企业收益。

另一方面，归企业权益主体所有的企业收支净额，都可以看作企业的收益。无论是营业收支、资产收支，还是投资收支，只要形成净现金流量，就可以视为企业收益。

企业的收益有企业净利润和企业净现金流量两种表现形式，无论选择哪种方式，都会对企业的最终评估值造成一定的影响。因此，在对企业收益进行界定时，不仅要确认企业创造的收入是否归企业所有，还要考虑到企业的收益形式。

通常，要将企业的净现金流量作为进行企业价值评估的收益基础。因为从企业价值与收益额的关系来看，企业收益虽然与企业价值高度相关，但企业价值最终由其现金流来决定而非利润；净现金流量是企业实际收支的差额，不容易被更改，而利润则要通过一系列复杂的财务程序进行确定，甚至还可能被管理者篡改。

从理论上讲，净现金流量比净利润更能反映资产收益。目前，在我国企业评估实务中常见的是，以企业净利润为企业收益进行评估，因为企业现金流量表的编制历史较短，对现金流量的预期较难把握，对评估中净现金流量的预测基础比较薄弱。

第38问　企业收益分配风险的控制方法有哪些？

收益分配是企业财务循环的最后一个环节，如果企业扩展速度过快，销售与生产规模高速发展，需要添置大量资产，对于税后利润，就要将大部分留用。如果利润率很高而股息分配低于平均水平，可能会影响企业的股票价值，在收益分配上造成极大风险。只有保持二者之间的平衡，才能加强财务风险的有效监测和控制。

留存收益是扩大投资规模的来源之一，分配股息也是股东财产扩大的迫切要求，二者既联系密切，又有一定的矛盾。在现有的市场经济条件下，财务风险是客观存在的，企业只有努力加强财务风险防范，才能有效化解财务风险，实现财务管理在企业中的作用。

企业确定财务风险控制的目标时，不能一味追求低风险甚至零风险，应本着成本效益的原则，把财务风险控制在一个合理的、能够接受的范围内，这也是成长性企业首先要解决的一大问题。

第39问 企业如何做到收入分配的公平?

公平是相对的,而不是绝对的,要想实现相对公平,企业就要不断地改善各种制度、程序和举措,使组织内部达成一个平衡状态。

为了实现组织内薪酬分配的公平性,企业可以从以下几个方面做起。

1. 规划薪酬差距,合理平衡激励与协同。

从本质上来说,公平是一种比较感知。通常,人们都是通过自己与上下级以及行业外部企业的报酬,来判断所得报酬的公平性。为了满足这种公平性的对比,在规划分配方案时,要做大量的数据调研与分析。

现实中,不同的企业规模、不同的行业之间,收入分配的差距也不一样。企业内员工的收入差距过大,会引起明显的不公平性感知,影响员工对团队的认同;差距过小,则会降低个人绩效投入产出的预期,影响整体经营效率。

事实证明,在企业内部,不同管理层级之间的标准报酬水平之间,差距最好控制在1~2倍,如此既能体现价值和贡献的差异性,又不会引发强烈的不公平感知;而不同职等之间,差距保持在10%~50%,才不会影响人们之间的协同配合,又能激发员工向上发展。

2. 建立分配标准,形成一致性的企业文化。

从一般意义上来说,收入分配的公平性标准,主要侧重于道德价值、个体需要、努力程度和贡献。作为市场竞争主体的企业，需要依据员工贡献决定分配，再兼顾其他要素，平衡经济价值与社会价值。树立该观念、确立该标准，是实现公平性的基础。

比如，从"投入—收益"的角度来说，个人"投入"如何衡量？"心力""脑力""体力"孰轻孰重？过往的教育成本、目前的有效工作时间投入、未来的机会成本，是否都要考虑？"收益"如何计算？

确立了分配标准，也就统一了企业内部的价值评价尺度。每个人心中的秤杆一致，才是公平的度量。而标准的确立，不仅需要书面明确，更要保持相关制度的一致性，并深入日常工作中，真正得到员工的认可。

3. 保障程序公正，参与式管理激发主体性。

在现代企业的契约关系中，企业与员工是一种平等的双向选择关系。如今，社会流动愈加频繁，个人自由越来越受到关注，程序的公正性已经成为必然要求。同时，薪酬分配与其他事项不同，在资源有限、立场有别的情况下，如何合理体现程序的公正，是最难拿捏的部分。

为了应对这个问题，很多企业引入了公正、独立的第三方。在第三方机构的主导下，通过员工调研、员工座谈会、员工代表参与岗位评估等设计，采用绩效目标设置的双向沟通、计划举措的团队共创、相关信息的及时公开、申诉窗口的开放等方式，让员工积极发表意见，提高参与感。

第40问 分配收益,如何纳税?

分配收益,该如何纳税?如果股东是法人,分配利润不用考虑税金;如果存在税率差额,则由股东自行申报缴纳;如果股东是自然人,分配利润要代扣、代缴个人所得税;如果是分配给境外投资者,需要扣税。外籍个人从外商投资企业取得的股息、红利所得,暂免征收个人所得税。

1. 分配顺序。

按照国家规定调整利润总额后缴纳所得税,缴纳所得税后的利润要按以下顺序分配。

(1)被没收的财物损失,支付各项税收的滞纳金和罚款。

(2)弥补公司以前年度亏损。

(3)提取法定盈余公积金,法定盈余公积金按照税后利润扣除前两项后的10%提取,盈余公积金已达注册资本的50%时不再提取。

(4)提取公益金,按税后利润的5%计提,主要用于公司的员工集体福利支出。

2. 合理避税。

要想真正理解合理避税,就要知道企业利润分配原则,更要了解利润分配项目,忽视了这一点,就无法理解利润分配和避税的关联。

分配利润,如何合理避税?这一点,要具体问题具体分析。企业股东分配利润,如果股东是法人,则不需要缴纳税金;如果股东是自然人,就需要缴纳个人所得税，这时候就要考虑：税率如何、怎么避税？

公司不能超额累积利润，一旦公司的保留盈余超过法律认可的水平，将被额外加征税金。我国法律虽然对公司累积利润尚未做出限制性规定，但库存股是不被允许的。

《股票发行与交易管理暂行条例》第四十一条规定："未依照国家有关规定经过批准，股份有限公司不得购回其发行在外的股票。"《上市公司章程指引》规定，公司购回该公司股票，必须在一定时间内注销该部分股份。可见，目前库存股并不存在制度上的生存空间。

第五章

筹资风险：
强化逻辑，预防筹资风险

第41问　筹资风险的内因和外因有哪些？

企业的筹资风险，主要是指由于多种不确定因素的影响，使得筹资行为受到阻碍。与大企业相比，中小企业由于自身的资信劣势和体制等原因，在多数情况下只能筹集到短期资金，再加上成本高、临时性等特点，使企业经常面临发展和偿还的两难境地，不及时筹集资金，会直接导致企业停产甚至倒闭。

综合起来，企业在筹资过程中面临的主要风险有两种：一种是内部风险；另一种是外部风险。

1. 筹资风险的内因。

企业遭遇筹资风险的主要内因有以下几个方面。

（1）负债的期限结构。负债的期限结构安排不合理，例如，原本应该筹集长期资金，却采用了短期借款或相反操作，就会增加企业的筹资风险。原因在于：企业筹资而长期负债，利息费用会出现很大幅度的波动；企业大量举借短期资金，将短期资金用于长期资产，一旦短期资金到期，很可能难以筹措到足够的现金。此时，如果企业财务状况差，老板却不愿意将短期借款展期，企业就可能被迫宣告破产；举借长期资金的融资速度慢，成本较高，还有一定的限制性条款。

（2）负债规模。负债规模是指企业负债总额的大小或负债在资金总额中所占的比例。企业负债规模大，利息费用支出增加，收益就会降低，就会增加丧失偿付能力或破产的可能性。同时，负债比重越高，企业的财务杠杆系数越大，股东收益变化的幅度也会增大。因此，负债规模越大，财务风险越大。

（3）负债的利息率。在同样负债规模的情况下，负债的利息率越高，企业负担的利息费用支出就越高，破产的可能性也就越大。同时，利息率也会影响到股东收益的变动幅度。负债的利息率越高，财务杠杆系数越大，企业资金利润率的变动也就越大。

2.筹资风险的外因。

企业遭遇筹资风险的外部原因主要有三个，具体内容如表5-1所示。

表5-1　遭遇筹资风险的外部原因

外因	说明
预期现金流入量和资产的流动性	负债的本息一般要求以现金偿还，即使企业的盈利状况良好，其能否按合同、契约的规定按期偿还本息，还要看企业预期的现金流入量是否及时、资产的整体流动性如何。现金流入量反映了现实偿债能力，资产的流动性反映的是潜在偿债能力，企业投资决策失误或信用政策过宽，不能足额或及时地实现预期的现金流入量，就会面临财务危机。当企业资产整体流动性较强，变现能力强的资产较多时，财务风险就较小；反之，财务风险就较大。很多企业之所以破产，并不是没有资产，而是资产的变现能力较弱，不能按时偿还债务
经营风险	经营风险是企业生产经营活动本身所固有的风险，其直接表现为企业息税前利润的不确定性。经营风险虽然不同于筹资风险，但也会影响筹资风险。比如，企业完全用股本筹资，经营风险就是企业的总风险，完全由股东均摊；企业采用股本与负债筹资，财务杠杆就会对股东收益起到一定的扩张作用，股东收益的波动性更大，当承担的风险大于经营风险时，其差额就是筹资风险；企业经营不善，营业利润不足以支付利息费用，不仅会使股东收益化为泡影，还需要用股本支付利息，严重时会让企业丧失偿债能力，被迫宣告破产
金融市场	金融市场是资金融通的场所，企业负债经营要受到金融市场的影响。企业主要采取短期贷款方式融资时，一旦遇到金融紧缩、银根抽紧、负债利息率大幅上升等情况，就会加剧利息费用，降低利润。另外，金融市场利率、汇率等的变动，也是企业筹资风险的诱导因素

第42问　如何正确处理发展和筹资风险之间的关系？

现代企业的主要筹资方式之一就是负债筹资。有负债就会有筹资风险，防范因负债而引起的风险自然也就成了企业无法回避的现实问题。

科学看待企业存在的筹资风险，既不能掩耳盗铃，更不可因噎废食，而是应该清醒地认识到：企业筹资必然有着相应的风险，不进行准确预判和有效防范，风险就可能进一步扩大；若因此放弃或减缓筹资，会导致企业发展停滞，甚至造成难以估量的损失。

要想在新形势下做好筹资工作，就要正确认识和处理好发展与筹资风险之间的关系。

1. 提高企业的盈利能力。

良好的盈利能力是企业内源资金筹集的基础，只有在盈利状况下才能完成内源资金的积累，因此要想加强内源筹资，就要提高企业的盈利能力。同时，企业应摆脱家族式的管理模式，加强内部积累力度和内源筹资力度，合理利用每一笔资金。

2. 选择有利的利率。

把握利率的变动规律，不仅可以降低利息费用，还可以降低风险，企业应根据利率的变动情况来选择筹资方式。为了避免因预期利率失误而造成风险，可以采用多元化的方式分散风险。如此，无论市场利率上涨还是下跌，总会减少部分筹资成本，弥补投资收益的降低，使企业减少因利率变动带来的总体损失。

3.拓展企业的筹资渠道。

要想改变企业现阶段的外源资金，主要依靠银行贷款和民间筹资，加强权益资本的积累，减轻资产负债比例，企业应积极扩展筹资渠道，抓住机会入市发行股票进行股权筹资。

4.提高盈利能力，加强内源筹资。

受到企业盈利能力和内源筹资力度的影响，中小企业普遍存在内源筹资不足的问题，要想防范筹资风险，企业就要增加内源筹资。

5.降低资产负债率。

加强自身的盈利能力和内源筹资能力。要根据自身的具体情况，合理规划扩张政策，绝不能不切实际地搞大跃进式发展。

第43问 自我赋能、增强自身素质，就能防范、化解风险吗？

自我赋能、增强自身素质，是企业防范、化解筹资风险的重要基础。为了防范、化解筹资风险，企业自身既要提高抵御外部风险的能力，也要培育筹集、管理资金的能力，还要重视企业信用。

强化信用观念，培育以信用为核心的企业文化，塑造良好的信用形象。企业要加强对金融知识的学习，提高金融素养，培养对企业自身信贷的需求和潜在风险的"自知"能力。

不要过分依赖融资发展，要重点培养核心技术和核心产品，有效扩大市

场份额，形成自我竞争优势，增强自身可持续发展的动力和抵御风险的能力。

科学安排融资结构，规范关联交易管理，合理控制负债率和杠杆水平，减少盲目投资和过度担保行为，让企业流动性处于合理水平。

完善公司治理机制。完善内部管理和财务管理制度，加强自身财务约束，增强企业运作透明度，为企业获得融资奠定坚实的基础。

第44问 对筹资风险如何进行阶段性控制？

企业进行筹资时，应该做好风险控制。筹资风险控制一般分为事前控制、事中控制和事后控制。

1. 事前控制。

（1）制订企业的财务预测与计划，做好各种预算工作。比如，选择外部资金时，要从具体的投资项目出发，运用销售增长百分比法，来确定外部筹资需求；可以从以往的经验出发，确定外部资金需求规模；可以进行财务报表分析，保证各项数据的直观准确，量化资金数额；可以根据短期的生产经营活动和中长期的企业发展规划，预测出自己对资金的需求，提前做好财务预算工作，安排企业的融资计划，以及可能筹集的资金量；可以根据预测的筹资情况，确定资金能否满足企业需求，并以此安排企业的生产经营活动。

（2）因地制宜地确定资本结构，合理安排主权资本与借入资本的比例，降低资本成本，选择合适的筹资组合。在经营过程中，企业要根据所处的行业特点和自身情况，确定合理的资产负债结构；在企业的资产负债结构上,保持适当的短期变现能力和长期偿债能力,提高企业的市场竞争力,提高抵抗筹资风险的能力;改善企业的资产负债结构,监控资产负债率、流动比率、速动比率等财务指标,确定最佳负债结构;在实际工作中,选择最优的资产负债结构,合理确定自有资金和借入资金的比例。

(3)选择负债筹资的方式时,要选择愿意承担风险、勇于开拓、肯为企业分析潜在财务问题、服务质量高、乐于为具有发展潜力的企业发放贷款、愿意帮企业渡过难关的银行;要关注银行的专业化程度,选择贷款经验丰富的银行进行合作;要保证所选银行的稳定性,使企业的借款不会在审批中途发生变故。

2.事中控制。

在风险的事中控制中,重点强调资金的使用效率,增强企业使用资金的责任感,才能从根本上降低筹资风险,提高收益,这也是彻底摆脱债务负担的关键。企业应提高资金使用意识,把资金管理作为重点,确保投资效益,优化资金结构,减少企业收不抵支的可能性,加强对流动资金的动态管理。关键要做好三项工作,如表5-2所示。

表5-2 风险事中控制的主要内容

内容	说明
加强应收账款的管理,加快货币资金回笼	应收账款是被债务人无偿占用的企业资产,不及时收回应收账款,不仅会影响企业的资金周转和使用效率,还可能形成坏账。为了减少筹资风险,企业就要加强对应收账款的管理,建立稳定的信用政策、确定客户的资信等级、评估企业的偿债能力,积极组织催收,减少在应收账款方面的资金占用,加快货币资金回笼。另外,在还款期限和额度的把握上,还要尽可能地将还款期限推迟到最后
保持合理的现金储备,确保企业的正常支付和所需	现金是企业资产中流动性最强的资产,现金持有量过少而无法保证正常支出,企业就会发生筹资风险;反之,持有的现金越多,企业的支付能力就越强。现金是收益能力和增值能力较低的资产,企业持有太多的现金,必然会失去使用这部分现金投资的机会,降低企业资产的盈利能力和资产利润率。因此,企业必须对经营过程中的现金需求和支付情况进行有效预测,确定合理的现金储备

续表

内容	说明
加强存货管理，提高存货周转率	存货是企业流动资产中变现能力较弱的资产，在流动资产中，如果存货比重太大，就会使速动比率降低，影响企业的短期变现能力。因此，要使企业存货保持在一个合理的水平上，就要不断完善内部控制和生产经营流程

3.事后控制。

事后控制主要在于对本次筹资过程的分析。企业筹集资金的目的是投资，而投资又是为了获得利润。结束一个完整的过程后，企业就要对本次筹资运作的全过程进行系统分析，分析企业各类资金的使用效率和财务比率，重点放在财务报表的分析上。

第45问　资金筹备时，如何进行风险预测？

在企业发展过程中，为了扩大规模，加大生产力度，就需要筹集一定的资金，但并不是每一个企业都可以通过资金筹备的方式实现目标、得到高利润。不做好风险预测的准备，一旦遇到资金风险，就会直接导致企业倒闭。

1.企业发展运行情况。

想要进行筹资，就要重视企业的基本负债情况和资产结构。从负债情况来看，如果企业的负债规模庞大，无法保证基本的运行，是很难赢得筹资对象的信任的，利用资金筹备的方式扩大规模，只能走向倒闭。此外，还要考虑企业的资产结构。对于企业来说，如果自有资本显著小于借入资本，想要进行筹资，就要承担很大的风险。

2.筹资方式的选择。

企业准备筹资时，要考虑到筹资的方式，采用不合适的筹资方式，同样不会得到很好的效果。目前的筹资方式除了常见的银行贷款以外，还有债券发放、股票发行等，无论采取哪种方式，都要考虑到筹资风险，都需要提前对筹资风险进行评估。记住，不当的筹资方式，可能让企业面临很高的利息，逐渐面临倒闭的结果。

3.负债期限结构的分析。

在长期的经营过程中，如果企业没有合理地使用资金，运行资金周转不足，很难满足要偿还的利息，后续工作就无法进行，负债愈演愈烈，企业就会陷入困境。只有合理利用筹集的资金，才可能实现企业的基本目标，获得较高利益。

4.市场情况的分析。

只有准确把握市场走向，抓住市场带来的机遇，关注金融市场的发展情况，在金融市场理想的情况下进行筹资，才能达到事半功倍的效果。

第46问 负债资金的筹集方式有哪些？

负债资金的筹集方式主要有以下几种。

1.借款（贷款）。

为了满足需求，企业可以向银行、非金融机构借款。手续简便，企业可以在短时间内取得所需资金；保密性也不错，但企业需要负担固定利息，到期必须还本付息，否则会导致企业财务状况的恶化。

2. 发行债券。

债券是公司筹集资本、按法定程序发行并承担本金义务的有价证券。该方式与借款有很大的共同点，但来源更广，筹集资金的余地更大。

3. 发行股票。

（1）可转换证券融资。可转换证券，是指可以被持有人转换为普通股的债券或优先股，可以转换成普通股，成本较低；同时，到期转换成普通股后，企业不必还本，可以长期使用。缺点是，会引发公司控制权的分散，使公司蒙受财务损失。

（2）购股权证融资。购股权证是公司发行的长期选择权，允许持有人按某一特定价格买入既定数量的股票，通常随公司长期债券一起发行，可以吸引投资者购买利率低于正常水平的长期债券，可以增加流入公司的资金。

（3）普通股融资。普通股是股份公司资本构成中最基本、最主要的股份，不需要还本，也不需要定期定额支付，风险很低。不过，采取这一方式筹资，会造成原有股东控制权的分散。

（4）优先股融资。优先股综合了债券和普通股的优点，既没有到期还本的压力，也不用担心股东控制权的分散，但发行效果不如债券。

第47问 企业股权融资如何防范法律风险？

股权融资，是指企业的股东愿意让出部分所有权，通过企业增资的方式引进新的股东融资，实现总股本的增加。

如今，中小企业利用股权实现融资的有效方式主要有：股权质押融资、股权交易增值融资、股权增资扩股融资和股权的私募融资。采用不同的方式，也会遭遇不同的法律风险，企业一定要做好防范。

1.股权结构设置不当的风险。

公司急于扩大规模，引入投资者时，会忽略股权转让的比例结构，导致股权比例被逐步稀释，原来的投资人在公司中逐步丧失话语权，致使控制权落空。控制权过于分散，公司缺少最终话语权人，就会加大内耗，对企业发展造成负面影响。同时，企业也容易遭遇并购威胁，影响长期的持续经营。

在增资扩股或引进投资时，应合理设置股权结构和董事会结构，及早防范法律风险；进行股权转让时，为了防止企业控制权旁落，甚至落入内耗，必须进行周全的法律策划。

2.商业秘密泄露的风险。

公司进行股权融资时，需要将企业的经营状况、财务状况等告知投资者，使得商业秘密存在泄露的风险。要想减少这种情况的发生，就要从以下几点做起。

（1）初步接洽时，只提供计划书的摘要。

（2）撰写商业计划书时，尽量不要披露特别机密的信息和数据，只要把拥有的产品和技术能够带来的好处以及能满足的市场需求讲清楚即可。

（3）关键性的商业秘密或技巧诀窍，不到关键时刻，不要急着讲出来。

（4）签署保密协议，包括保密范围、保密义务对象范围、对信息接收方的要求、保密期、违约责任等。

3. 控制权稀释的风险。

投资方获得企业的部分股份，企业原有股东的控制权就会被稀释，甚至有可能丧失实际控制权。通常，VC、PE在向一家公司注资时，为了保护自身利益，都会要求与融资公司签订投资协议，约定融资方要向投资方提供业绩保证或董事会人员安排保证等。公司控股股东在签订协议前，要充分认识到协议对公司控制权的影响，客观估计公司的成长能力，不要为了获得高估值的融资做出不切实际的业绩保证。

4. 机会风险。

企业选择股权融资，就可能失去其他融资方式带来的机会。控股股东在与投资方签订业绩保证协议之前，要正确认识到该协议的对赌性，即业绩达到一定条件时，融资方行使一种权利；业绩未达到一定条件时，投资方行使另一种权利。企业不能只考虑赢得筹码时所获得的利益，还要考虑输掉筹码时是否在自己承受的风险范围内。

5. 经营风险。

创始股东在公司战略、经营管理方式等方面与投资方股东产生重大分歧，企业经营决策就会遭遇困难。该种风险主要体现在以董事会为治理核心的法人治理机构，且投资方股东要求公司保证投资方在公司董事会中占有一定席位。

为了减少这种风险，在以董事会为核心的法人治理结构中，投资方要求融资方进行董事会人员的安排保证时,要首先保证自己的人员安排能代表自己的利益,并能使上述人员服从自己的安排;在公司章程或投资协议中,融资方应就以下事项进行详细规定:董事会如何获得授权、获得何种授权、在怎样的条件下获得授权、行使权力的期限、董事会行使权力不当时的救济等。

第48问　抵押贷款投融资中的法律风险有哪些?

所谓抵押,就是抵押人和债权人以书面形式订立约定,不转移抵押财产的占有,将该财产作为债权的担保。公司在办理抵押贷款时,存在一定的法律风险。

1.公司抵押手续不完备,会直接影响融资目的的实现,甚至导致抵押合同不生效。

在企业贷款抵押中,抵押手续不完备主要表现为以下几种情形。

(1)未依法办理审批手续。对于法律、法规要求经过批准才能抵押的财产,未经批准,抵押是无效的。《全民所有制工业企业转换经营机制条例》第十五条规定,企业享有资产处置权。企业根据生产经营的需要,对一般固定资产,可以自主决定出租、抵押或者有偿转让;对关键设备、成套设备或者重要建筑物可以出租,经政府主管部门批准也可以抵押、有偿转让。法律和行政法规另有规定的除外。企业处置生产性固定资产所得收入,必须全部用于设备更新和技术改造。企业处置固定资产,应当依照国家有关规定进行评估。需要注意的是申请贷款的企业在办理抵押手续之前，应熟悉相关法律、法规，严格依照法律、法规所规定的程序办理贷款抵押，以免引发不必要的诉讼纠纷。

（2）未依法办理登记手续。抵押权是不转移抵押物占有的一种物权，为了更好地规范抵押法律关系，物权法对于抵押权的生效做了明确的规定。一些特定抵押物的抵押权，只有经过抵押登记，才能生效。也就是说，对于上述特定抵押物的抵押合同，虽然自合同登记之日起，抵押合同生效，但抵押权却不会因抵押合同的生效而生效。因此，对于法律此类的明文规定，企业在申请银行抵押贷款时应该严格遵照执行，否则会招致由此带来的法律风险。

（3）混淆登记与批准的区别。登记与批准是两个不同的程序，其目的和功能不同，即使抵押登记与抵押审批是同一个部门，也不能将履行抵押登记程序视为抵押已获批准，否则，将导致抵押因未经批准而无效。需要注意的是，在特定抵押物贷款抵押过程中，应咨询专业律师的意见，以免因为混淆程序而造成贷款抵押不能，从而承担贷款不能的法律后果。

（4）未经同意以共同共有的财产设定抵押。共有财产的抵押，多数出现在夫妻共有财产和家庭共有财产。以共同共有财产设定抵押，应经其他共有人同意，否则抵押无效。

2.公司抵押物不足，引发法律风险。

抵押物不足的法律风险主要包括两种情况，如表5-3所示。

表5-3 抵押物不足引发的法律风险

内容	说明
超值抵押	超值抵押并不是无效，法律规定："抵押人所担保的债权超出其抵押物价值的，超出的部分不具有优先受偿的效力。"因此，债权人只能要求债务人以抵押物之外的财产清偿债务。为了自身利益，利用各种手段尽量抬高抵押物价值，一旦与银行对簿公堂，企业就会遭受巨大损失。银行之间可以协调联动机制，将相关企业骗贷或超值抵押的行为信息发布到业务联网平台上，达到信息共享，企业再想贷款融资，就难上加难了

续表

内容	说明
重复抵押	重复抵押，是指财产抵押后，该财产的价值大于担保债权的余额部分，可以再次抵押，但不能超出其余额部分。也就是说，法律允许抵押人就同一财产设定数个抵押权，但再次抵押的前提是抵押财产的余值大于再次担保的债权，否则，就违背了物权的排他性原则。现实中，为了自己的利益，不顾及法律的规定，可能导致不能贷款

3. 抵押物不当，潜藏法律风险。

（1）法律规定，在市场中流转的财产或财产性权利不能作为抵押物，比如，耕地、宅基地、自留地、自留山等集体所有的土地使用权；抵押人依法承包并经发包方同意抵押的荒山、荒沟、荒丘、荒滩等荒地的土地使用权可以抵押；乡（镇）、村企业的土地使用权不能单独抵押。

（2）法律规定的为维护市场秩序及公共利益而不能用于抵押的财产，比如，学校、幼儿园、医院等以公益为目的的事业单位、社会团体的教育设施、医疗卫生设施和其他社会公益设施。

（3）抵押人没有所有权或处分权的财产不能抵押，比如，租赁物、未经共有人同意抵押的物、所有权不明或存在争议的财产。

4. 抵押物价值减少风险。

抵押人的行为足以使抵押物价值减少的，抵押权人有权要求抵押人停止其行为。抵押物价值减少时，抵押权人有权要求抵押人恢复抵押物的价值，或者提供与减少的价值相当的担保。

第49问 如何防范股权众筹的法律风险？

股权众筹是企业经常使用的一种融资方式，那么股权众筹应注意什么，又如何防范股权众筹的法律风险呢？

1.警惕非法吸收公众存款罪。

在股权众筹领域，非法吸收公众存款罪是最为常见的法律风险。《中华人民共和国刑法》（以下简称《刑法》）第一百七十六条规定，非法吸收公众存款罪是指非法吸收公众存款或者变相吸收公众存款，扰乱金融秩序的行为。

该罪涉及的非法金融业务活动有以下4种：（1）非法吸收公众存款或者变相吸收公众存款；（2）未经依法批准，以任何名义向社会不特定对象进行的非法集资；（3）非法发放贷款、票据贴现、资金拆借、信托投资、金融租赁、融资担保、外汇买卖；（4）中国人民银行认定的其他非法金融业务活动。

可以采用以下方法规避犯该罪的风险：（1）设立投资人认证机制，设置一定的投资门槛，举办各种沙龙、论坛等，把"不特定"变为"特定"。（2）不承诺固定回报，重视"预期收益率"。（3）项目一一对应，不建立资金池。（4）投资人的资金由第三方托管。

2.与集资诈骗罪划清界限。

集资诈骗罪也是股权众筹平台经常要面临的风险。

《刑法》第一百九十二条规定，集资诈骗罪是指以非法占有为目的，违反有关金融法律、法规的规定，使用诈骗方法进行非法集资，扰乱国家正常金融秩序，侵犯公私财产所有权，且数额较大的行为。

如何避免犯集资诈骗罪的风险呢？

（1）制定合理的回报规则，不能为了吸引投资者而故意抬高回报率。

（2）对已经承诺了的回报，及时回馈给投资者。

（3）如果到期无法回报投资者，要如实说明，协商解决方法。

（4）说明资金的真实用途，展示有关的产品和服务。

3. 不要擅自发行股票、公司和企业债券。

擅自发行股票、公司、企业债券罪，是指未经国家有关主管部门批准，擅自发行股票或者公司、企业债券，数额巨大、后果严重或有其他严重情节的行为。

按照《公司法》和《中华人民共和国证券法》的规定，以公开方式进行股权筹资必须经过中国证券监督管理委员会审批，而股权公开融资包括两个要素：向不特定的人进行资金募集；向超过200个特定对象进行股权融资。同时，我国《公司法》规定，有限责任公司的股东人数不能超过50人，股份有限公司的人数不能超过200人。如此，众筹的融资对象也就有了上限。

为了规避风险，可以进行如下操作：严格控制单个项目单次融资的股东人数，总募金额以小额为主；根据项目特点筛选投资人，提高融资成功率，减少项目曝光率。

第50问　如何防范民间借贷中的风险？

对于中小企业来说，要想通过正规金融机构获得资金，通常都很困难，这时很多企业老板都会选择向民间借贷。向民间借贷，相对来说确实比较容易，但缺点也显而易见，比如，不稳定、很隐蔽，再加上我国还没有制定明确的企业民间借贷法律规制，采用民间借贷的方式，自然也会在不经意间遭遇众多风险。

1. 可能的风险

（1）成本超过企业承受范围。最高人民法院出台的《关于审理民间借贷案件适用法律若干问题的规定》明确规定：民间借贷利率应以年化24%为限，最高已支付的利息不能超过年化36%。在实践中，如果民间借贷通过"砍头息""明股实债"等其他方式将利率不断提高，只能给企业更大的资金压力，这无异于雪上加霜，企业会陷入恶性循环，甚至耗尽企业的全部资产，最终破产倒闭。

（2）民间融资渠道混乱。如今，民间融资渠道混乱，金融体系还不太完善，民间资本投入金融机构，回报率非常低。在金融市场中，民间资本缺少规划和监管，变态生长，很容易引发涉黑涉恶以及其他违法犯罪活动。企业找民间借贷，一旦遇到这些问题，就会走向毁灭的边缘。

（3）其他刑事风险。民间融资存在的法律风险主要有两个，一是触犯集资诈骗罪，二是触犯非法吸收公众存款罪。比如，企业为了非法占有，使用诈骗手段非法向民众集资，数额还比较大，就容易触犯集资诈骗罪。如果企业未经批准，向社会不特定对象吸收资金，出具凭证，承诺一定期限内还本付息，则容易触犯非法吸收公众存款罪。

这里有个例子。

2019年，某公司资金出现问题，为了周转资金，老板王某决定进行民间融资。具体内容如下。

利息。许诺支付高额利息，日息千分之一至千分之五不等。

方式。口口相传、中间人介绍等。

成绩。公司向社会群众等30人以及11家公司，非法吸收资金21亿多元。

用途。老板并没有将这些资金全部用于生产，而是只拿出少部分用于生产经营，多数用在了银行转贷、归还民间贷款、支付利息等方面。

结果。有心人发现了这家公司的猫腻，果断报警。最终国家法律机关给出了判决：该企业构成非法吸收公众存款罪，罚款人民币500万元。老板王某是公司的直接责任人，其行为已经构成非法吸收公众存款罪，判处有期徒刑3年，罚款人民币10万元。

仔细分析一下这个案例就能发现，该公司及老板之所以会最终获罪，主要问题就在于，企业借款之前没有得到中国人民银行的批准，向社会不特定对象吸收资金，承诺在一定期限内还本付息，借贷所得大部分用于银行转贷……而这些都是非法吸收公众存款的典型特征。

2.防范策略。

那么，在民间借贷的过程中，企业该如何避免出现以上这些问题呢？这里，就给大家介绍几种防范策略。

（1）提前做好准备。如果中小企业打算进行民间借贷，首先就要做好准备，比如，设定借贷风险评估与防范机制，拓宽多元化借贷渠道，有序开展资本运营和市场拓展；建立良好的企业信用，制订风险评估计划，撰写科学完备的借贷方案，选择合适的贷款利率或借贷回报率。如果确实需要，还要向专业人士寻求帮助，做法律、税务等多方面的分析，然后再确认是否借贷及借贷方案。

（2）有效防控风险。在向民间借贷的过程中，为了确保借贷行为的合规性，不仅要严格按照法律规定及公司章程进行，还要签订规范的借款协议或办理相关手续。

将借款对象尽量控制在企业内部职员范围内，不要扩大到员工的亲朋好友或其他关系人。

借款只能用于发展生产和扩大经营活动，不要用于其他方面，比如，支付利息或个人转贷等。

借款利息要约定在合理的范围内，最好经相关部门审批或备案。

不能为了借款而不择手段，比如，克扣员工工资。如果想向员工借款借贷，就要跟员工协商沟通。

（3）合理使用借款。筹得资金后，要根据企业发展规划，合理规划使用借贷资金，不仅要制订使用资金计划，还要确定好使用目的，要将借贷的用途限定在企业生产经营上。

第六章

投资风险：
牵引指导，防范投资风险

第51问　何为投资风险？

企业在投资中，也会遇到如下风险。

1. 波动风险。

比如，企业投资，可以采用以下两种投资方案。

（1）第一年赚100%，第二年亏39.5%，两年共盈利21%。

（2）第一年赚10%，第二年赚10%，两年共盈利21%。

这两种投资方案的最终盈利一样，但多数人可能更喜欢第二种方案，因为第一种方案的波动太大。

在投资过程中，企业通常会把收益波动看作一种风险，比如，著名的夏普比率，就是把收益波动作为风险指标的。

2. 下行波动风险。

事实证明，简单地把收益波动看作风险是不科学的，因为收益波动分为上行波动和下行波动。这里有两种情况：一种是，第一年赚50%，第二年赚10%；另一种是，第一年亏50%，第二年亏10%。这两种情况的波动一样，但第一种情况的波动不是风险，第二种情况的波动才是风险。

把下行波动作为风险，就可以先确定一个可以接受的最小收益率，比如，年化3%；然后，选取低于年化3%的收益，计算出波动值。

3. 最大回撤。

所谓回撤，就是收益从高点到低点的回落幅度。最大回撤是这些回撤中的最大值。

最大回撤是评估投资风险的一个常用指标，可以用来描述在一定时期内可能达到的最坏情况。最大回撤一旦超过了度，会让投资者感到异常恐惧。

第52问 如何排查企业投资风险？

要想排查企业的投资风险，可以从以下几个方面做起。

1. 评估具体投资项目决策的过程。

对具体投资项目决策的评估，主要关注两个问题：风险评估是否充分？风险取向是否符合组织战略？

（1）要对投资项目的可行性研究过程开展审计，通过评估项目的可行性研究过程，控制投资决策风险。

（2）要关注企业在实施项目投资前，是否对备选方案的未来现金净流量的现值、收益率、回收期、机会成本等进行了测算和比较，测算所得税和折旧对投资的影响，是否选择与基准指标值要求相符的备选方案。

（3）要对投资项目可行性评价基准指标的科学性、准确性进行分析和评判，并采取恰当的预测手段，评估项目的运营过程，控制营运风险。

2. 评估项目治理中的风险控制措施是否完备。

对于股权投资，内部审计机构要关注企业是否区别控股与非控股情况，是否会派出董事长、总经理、财务总监等管理人员参与生产经营决策。

对于债权性投资，投资管理部门是否适时了解投资项目情况，并及时向管理层报告？是否分析了实际财务指标与基准指标的偏离，原因何在？如何管理？会对企业产生哪些连带影响？投资项目税务筹划的合理性如何？

3.评估投资风险管理政策的合理性，控制政策风险。

企业要根据投资目的、遵照投资原则，对投资项目进行可行性研究。

内部审计要关注这几个问题：投资是否由适当的部门提出？其可行性是否经过财务、市场、生产、研发等专家的论证？是否交由管理层审批？是否根据公司章程授权，分别由总经理、董事会或股东会做出投资决策？

第53问　在投资活动中，需要面对的直接风险有哪些？

在投资风险或实际业务中，需要直接面对的风险，就是直接风险。直接风险也称业务风险，主要包括市场风险和信用风险。

1.市场风险。

所谓企业的市场风险，是指由于市场及外部环境的不确定性而导致的各种可能，比如，企业市场萎缩、达不到预期的市场效果，影响企业生存与发展。对于企业来说，市场风险会导致投资活动失败，引发投资风险。

影响企业市场风险的因素主要包括以下几个方面。

（1）消费者的需求变动。消费者的购买决策是一种选择行为，其选择行为会直接受到消费偏好及其他多种因素的影响，比如，商品价格、不同商品的比价，商品质量、不同商品之间的质量比较，广告宣传、流行趋势等。消费者的需求偏好每时每刻都在发生变化，对商品的需求也会发生变化，如此就可能引发市场风险。为了占领市场，如果企业想进行新产品的开发，还将面临如何启动潜在的市场需求问题，比如企业会蒙受更大的市场风险，不能有效地将潜在市场需求变为现实的市场需求，企业新产品的开发活动会以失败告终。

（2）竞争对手的行为。随着市场经济的发展与完善，市场竞争的程度不断加剧，企业不仅要面临原有竞争对手的竞争压力，还要面临潜在竞争对手的威胁。目前，市场竞争已经由单纯的价格竞争转向价格竞争和非价格竞争并存。单纯的价格竞争与非价格竞争相比，前者可以在市场中充分表现出来，容易被其他企业察觉；而非价格竞争则比较隐蔽，无论是改进企业质量、开发新产品，还是降低成本，都不容易被其他企业发觉。此外，企业参与竞争，采取一定的价格竞争手段时，其他企业也能在短时间内做出价格回击；企业采取非价格竞争手段时，其他企业如果想掌握这些手段，需要经过长时间的孕育、准备和积累，如果时效性较差，容易处于被动状态。

（3）政策、法规的变动。国家政策、法规的变动，也会给企业带来风险。为了鼓励某些产业的发展，政府通常会采取一定的政策，比如，优惠信贷、减免税、出口补贴、消费信贷等，而随着产业结构的变化以及政府产业战略重点的转移，原本属于鼓励发展的行业可能会取消优惠，如此，这些行业的厂家就会遭遇风险。此外，为了限制某些行业的发展，政府也会采取一定的措施，里面也包含着一定的风险。

（4）不确定与不对称的信息。在企业管理过程中，信息是一种重要的资源，也能产生价值。将信息作用于生产经营过程，就会使其他生产要素得到充分利用，实现和扩大其他生产要素的价值；同时，充分而又准确的信息还能减少市场风险。如果信息不充分、不对称和不准确，企业决策就容易出现失误。

2. 信用风险。

（1）企业信用风险产生的原因。企业产生信用风险，包括外部原因和内部原因，如表6-1所示。

表6-1 企业信用风险产生的原因

原因	说明
外部原因	主要包括：贸易纠纷，比如，货物买卖纠纷、货物运输纠纷、保险纠纷等；客户无力偿还，企业经营不善等；合作方蓄意欺诈和有意占用对方资金等。从信用管理角度来看，外部原因并不是企业自身能控制的，只有正确识别事前和事后的风险，才能科学决策，采取有效的措施预防风险
内部原因	主要包括：客户信息不全面、不真实；无法准确判断客户的资信状况；对客户信用变化的情况判断错误；与客户沟通不充分；没有有效地转嫁风险；对应收账款的监控不严格；对拖欠账款追讨等现象缺少方法、手段和管理措施；缺少科学的信用管理制度等

（2）进行科学管理的必要步骤。

第一步，进行客户信息的分析与管理，包括：通过不同的渠道，获取客户信息；设计客户信息的分类体系；解读相关机构提供的商业信用报告；利用信用分析模型，对客户信息资料进行科学分析；对客户财务信息进行深入分析；合理利用信息技术设计；开发客户信息管理系统等。

第二步，做出科学的信用决策，在客户信息分析的基础上，对客户所做的信用标准、信用期限、信用额度和信用条件等授信决策，确定信用管理的考核指标。

第三步，对信用风险进行识别和分析，选择正确的结算方式，有效转嫁企业信用风险，使企业债权更加合理安全。

第四步，加强对内部应收账款的管理和监控，掌握应收账款管理技术、确定应收账款信用分级、应用应收账款跟踪监控方法、制定应收账款**监控制度、开发应收账款监控信息系统等。**

第五步，追收拖欠账款，对逾期应收账款，进行定性和定量分析，制定合理的催账政策和收账程序，巧妙合理地使用追账方法等。

总之，要与企业信用风险内部成因相适应，设计中的每个环节都彼此影响，相互作用。

第54问　在投资活动中，需要面对的间接风险有哪些？

间接风险，是指与实际业务活动没有直接联系但通过间接方式能够对投资主体收益造成影响的风险，主要包括清算风险、流动性风险、操作风险和信誉风险。

1. 清算风险。

在有价证券买卖交易和外汇交易结算时，如果交易对象的支付能力或业务处理等存在问题，就不能按合同结算。这种风险就是清算风险。

2. 流动性风险。

金融资产的流动性一旦有了不确定性变动，经济主体就会遭受经济损失。这就是流动性风险。

3. 操作风险。

如果内部程序、人员和系统等不完备或失效，就会给企业投资带来损

失。这就是操作风险。

4.信誉风险。

由企业管理决策带来的信誉损失，就是信誉风险。例如，企业制定的产品标准降低，产品品质就会大幅降低，消费者对企业的印象也会有所改变；企业故意做出损害客户或公众利益的决策，或赚取高利润，企业形象就会大打折扣。

第55问　企业投资法律风险的防范措施有哪些？

为了有效控制企业的投资风险，可以从以下几个方面入手。

1.设立高质量的投资法律风险监督防范部门。

要想预防和控制企业投资法律风险，关键是要设立能够防范投资法律风险的职能部门（法务部）。当然，监控主体的质量也会直接影响到监控效果。而要想提高该部分的质量，就要关注以下几个因素。

（1）组织结构科学有序。企业法律部门有效履职，需要科学合理的组织结构。主要有三种模式：一是集中模式；二是分散模式；三是混合模式。这三种模式各有优势和缺陷，企业要根据自己的实际情况，选择合适的模式。通常，需要考虑的因素有企业的规模、法律事务的特点和复杂程度等。多数大型企业会选择混合模式，即由总法律顾问领导一个独立的法律工作部门，在部门内实行业务分工，为不同部门提供法律服务。采用这种模式，可以提高法律部门的职权，增强防范投资法律风险的决策效率，缺点是组织成本较高。因此，中小企业可以使用分散模式，同时加强不同业务领域法律顾问的沟通与协调。

（2）法律顾问素质良好。有些企业的法律顾问，不仅没有良好的综合知识素养，甚至还缺少法律专业知识；更为甚者，一些中小企业并没有设置专职的法律部门和人员，只有需要时，才会向律师事务所或律师朋友进行咨询。要想做好投资法律风险的防控，首先要提高法律顾问的综合素质。严格把控法律顾问聘任的程序和条件，为公司注入新鲜血液；为现有法律顾问做好履职培训，不仅要加强法律专业知识素养的培训，还要授予企业管理、金融证券、外语、计算机等多方面知识，让法律顾问成为复合型人才。

（3）提高法律部门的履行职权。目前，很多企业法律部门的职权普遍薄弱，法律部门很难进入决策核心。因为企业仅把法律部门当作"灭火器"，只有出现法律纠纷时，才会想到它。有些企业高管甚至认为，法律顾问不仅不能为企业创造效益，还会增加管理费用、降低经营效率。企业法律人员有职无权，无法发挥应有的效益。这种想法是错误的。要想防范法律风险，就要提高法律部门的履行职权。

2.提高投资决策执行人员的法律素质，进行有效的利益诱导。

为了减少投资法律风险，投资决策执行者要具备履行职责需要的法律知识和素养，因此，企业要加强对投资决策执行人员的法律素质培训，提高他们的法律风险防范意识和防范水平。同时，还要将投资决策执行人防范法律风险的成效与其利益联系起来。

利益诱导的方式有很多种，比如，将重大投资决策权收归企业高管，采取股权激励措施，将决策人利益与企业利益统一起来。当然，除了物质奖励，还可以采取其他利益诱导方式，如晋升激励、精神激励等。

3. 关注经济法律与政策的动向，采取相应措施。

在经济实践中，经济活动不仅是动态的，还具有明显的周期性和阶段性，从一定意义上说，经济法律一直都处于相对稳定的状态。一方面，随着经济的发展、政策的变化，要对经济法律做出相应的调整；另一方面，经济法律具有相对滞后性，如果旧法没有被修改或废除，新法还未出台，经济领域就会出现介于合法与非法的灰色地带，经济选择就会多了不确定性。如此，即使是相关的投资行为，也会具有法律上的不确定性，必须高度关注经济法律与政策的变动，准确预测法律调整可能带来的法律风险，减少不必要的损失或将其损失降到最低。

4. 对投资决策的执行行为进行事后评估。

通过事后评估，可以及时发现可能存在的问题，予以纠正。企业虽然可以将个人利益与企业利益统一起来，可是由于个人固有的心理性格弱点及其局限性，难免会存在不当行为。因此，企业要建立完整科学的事后评估机制，对投资决策执行行为进行评估，一旦发现投资行为存在违法或不当行为，就要通过公正程序对具体的负责人进行处罚。当然，处罚的过程要让被处罚的人心服口服，不能损伤他们对企业的信任，要做到公平公正，并坚持程序公正。

第56问 在企业投资中存在的主要问题有哪些？

从投资管理现状来看，目前企业存在很多问题，比如，投资决策不合理、投资机制不完善、缺少合理的投资论证……如此，就会增加企业的投资风险，影响企业的投资效益。

在企业投资过程中，存在的主要问题如下。

1. 没有制定科学的投资战略。

为了获得更好的发展，企业要结合自身的发展需求，制订长远的投资计划，建立完善的投资管理机制；针对具体的投资项目，要设计相应的投资方案，为创造更多的经济效益打下良好的基础。

目前，从企业投资管理的实际情况来看，尤其是中小企业，没有制定长远的投资战略，也没有对投资项目进行全面科学的论证，盲目投资，只能增加投资失败的风险，不利于企业的未来发展。

2. 投资管理机制不完善。

受到原有企业经营方式的影响，在对外投资方面，企业没有建立完善的管理机制，不良投资行为时有发生，很难对投资事宜进行全面管控，企业不能获得相应的收益。出现投资问题后，管理责任不明确，相互推诿，不能很好地总结投资的经验教训，降低了企业投资的针对性和有效性。另外，监督管理机制不完善，企业投资管理机制落实不到位，出现了很多管理漏洞。

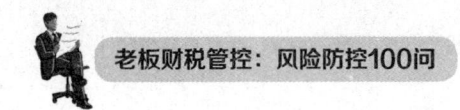

3.缺少对投资审查的论证。

为了保证投资活动的顺利展开，进行投资管理，就要对投资项目进行严格的审核论证。在实际投资过程中，对投资项目缺少严格的审核，论证工作不到位，对市场预期、投资风险和经济效益缺少针对性的论证，就无法对投资风险进行预估，影响到企业的投资效益；不进行全面的论证，只能增加投资的风险。

4.企业投资决策具有盲目性。

在制定投资决策过程中，有些企业急功近利，为了获得高回报，对项目投资的风险预估不到位，尤其对新的技术项目和研发领域缺少足够认识，增加了投资风险，让企业陷入困境。因此，企业不管从事何种经济活动，都要制定科学合理的决策。

第57问　如何防范企业股权投资风险？

所谓股权投资，其实就是从股东手上购买目标公司股东出资权利，主要目的是成为目标公司的股东。

在股权投资过程中，主要存在以下法律风险，需要给予特别关注并加以防控。

1.受让未实缴的股权，股权受让人需要承担连带责任的法律风险和风险防控。

根据《最高人民法院关于适用〈中华人民共和国公司法〉若干问题的规定（三）》第十八条第一款的规定："有限责任公司的股东未履行或者未

全面履行出资义务即转让股权，受让人对此知道或者应该知道，公司请求该股东履行出资义务、受让人对此承担连带责任的，人民法院应予支持；公司债权人依照本规定第十三条第二款向该股东提起诉讼，同时请求前述受让人对此承担连带责任的，人民法院应予支持。"

可知，股东受让有出资瑕疵的股权时，可能承担连带责任；投资方受让了有出资瑕疵的股权时，可能承担连带责任。

为了减少上述风险，在受让目标公司股权之前，公司要进行充分的调查。一旦发现转让股权的股东存在出资不实或抽逃出资等行为，就要及时采取止损措施；在《股权转让协议》中，要对股权转让人瑕疵出资的违约责任作出明确约定，一旦受让人因转让人的瑕疵出资行为被追责，受让人有权向转让人主张，并要求其承担相应的违约责任。

2. 受让的标的股权存在股权代持及隐名股东的法律风险及风险防控。

股权代持又称委托持股、隐名持股或假名出资，是指实际出资人与他人约定，以他人名义代实际出资人履行股东权利义务，实际出资人身份或名称并不会记载于股东名册或公司章程等公示文件中。其中，实际出资人被称为"隐名股东"，挂名出资人被称为"显名股东"。隐名股东和显名股东之间是通过代持股协议，来确定存在代为持有股份的事实。

在股权投资过程中，投资方如果知道标的股权存在股权代持或未能同时满足受让人善意、合理价格买入、完成变更登记等要件，显名股东未经隐名股东同意擅自转让股权，就有股权转让行为存在因被隐名股东追责而无效的法律风险。

公司在进行股权投资时，要对标的股权是否存在代持进行翔实尽调；也可以在股权转让协议中约定，股权转让方为标的股权的有权处分人，因股权转让人的原因致使股权无法转让，需向投资人进行赔偿。

3.标的股权受限的法律风险及风险防控。

根据《公司法》第三十七条、第四十二条、第四十三条的规定，有限责任公司股东会的职权、表决权比例、议事方式和表决权程序，均由公司章程自行规定。

《公司法》对于有限责任公司给予了很多自治空间，进行股权投资时，一定要关注公司章程对标的股权的股东权利是否设置了权利限制。如果出让方出让的股权存在权利瑕疵，收购交易就会出现本质上的风险。

公司在股权投资过程中，应全面了解所受让股权情况，对其进行全面尽调，对股东拥有的权利状况进行核查，比如，核查目标公司《公司章程》《股东会决议》《股东会议事规则》《增资协议》《股东协议》等文件，确定标的股权是否存在表决权受限等权利限制的情况。

4.对外股权转让未取得其他股东同意，《股权转让协议》无效的法律风险及风险防控。

根据《公司法》第七十一条的规定，有限责任公司的股东向股东以外的人转让股权，应当经其他股东过半数同意，且在同等条件下，其他股东有优先购买权。由此可知，对有限责任公司进行股权投资时，要先取得其他股东的同意，并作出放弃优先购买权的承诺；否则，一旦发生了争议，股权受让方与股东签署的《股权转让协议》就存在被法院认定为无效的法律风险。

为了减少上述风险，公司在对有限责任公司进行股权投资时，应通知其他股东，取得其他股东同意股权转让的股东会决议，以及标的公司其他股东放弃优先认购权的承诺。

5.目标公司主体资格瑕疵法律风险及风险防控。

目标公司主体资格瑕疵，主要是指目标公司在设立或存续期间存在违法违规行为，导致主体资格方面可能存在某些障碍。比如，目标公司设立的程序、资格、条件、方式等不符合法律、法规和规范性文件的规定；目标公司设立行为或经营项目未经有权部门审批同意；目标公司持续经营的法律障碍、经营资质被吊销、营业执照被吊销、被强制清算等情形，都可能导致目标公司主体资格存在障碍。

6. 目标公司存在未结清债务、诉讼、仲裁或行政处罚法律风险及风险防控。

目标公司重大债权债务，指的是影响股权价值及收购后公司经营风险的重要因素，主要包括以下几个方面。

（1）出让方是否对标的公司的全部债权债务进行如实披露，并纳入股权价值评估范围？

（2）重大应收、应付款和其他应收、应付款是否合法有效？债权有无无法实现的风险？

（3）目标公司对外担保情况，是否有代为清偿的风险，以及代为清偿后的追偿风险？

（4）目标公司是否有因环境保护、知识产权、产品质量、劳动安全、人身权等原因产生的侵权之债？

在股权投资中，企业要尤其关注目标公司担保的风险、应收款诉讼时效，以及实现的可能性。要让出让方不仅对目标公司的债权债务，更要对存在债权债务的情形作出承诺和担保。目标公司如果确实存在尚未了结的或可预见的重大诉讼、仲裁及行政处罚案件，就会对公司的生产经营产生负面影响，从而降低股权价值。

为了规避风险，要与出让方就收购价款、支付方式以及上述风险的责任分担作出明确约定。

第58问 如何防范企业海外投资风险？

在推行的"走出去"发展战略的实施过程中，机遇与挑战并存。虽然从总体上来说中国企业在海外获得了迅速发展，可是由于海外投资环境的复杂多变、国际总体大环境的动荡，海外投资失败的案例也越来越多，经济损失越来越大。因此，要想减少海外投资风险，就要做好投资前的可行性分析，建立统一的战略联盟。

1. 充分利用双、多边国际条约。

通常，为了保障企业能够在海外直接投资中充分实现自身权益，投资方的国家会与东道国签署双边和多边投资保护条约；在跨国公司开始进行海外投资的过程中，会涉及两国或多国的政策和法律。在双、多边协议签署过程中，应注意以下内容。

（1）明确规定企业在东道国享有的国民待遇和最惠国待遇，并保证按照法律和条约公平公正地对待中国企业。

（2）规定在东道国面临国有化征税风险以及外汇风险时，要切实保证企业的合法权益，不能采取任何歧视中国海外投资企业的政策，保证中国外币的自由流通。

（3）条约中要明确规定投资争端的解决机制，即东道国与企业一旦发生投资争端，应该采取一定的程序和方法。

2. 利用国际条约，在海外直接投资。

在国际经济全球化的发展背景下，企业不仅要积极参与有利于在海外直接投资的国际组织，还要切实利用国际条约以及国际组织监督，协调在海外直接投资。

目前，世界上著名的国际组织主要有两类，即集团性的组织和世界性的组织。其中，集团性的组织有地理区域上的联合，比如东南亚联盟、欧洲共同体等，这些组织的成员在投资合作上是互惠互利的关系。此外，有关于能源资源输出的组织，较为常见的是石油输出国组织，即在原材料的销售份额上进行责任分配，防止由恶性竞争或跨国公司的价格垄断产生的垄断控制。

3.加强周期性的投资可行性分析。

在进行海外投资时，要加强周期性的投资可行性分析。

首先，在进行海外投资之前，深入研究东道国的产品市场占有率、相关政策法律法规、当地公民对产品品牌的忠诚度、当地市场进入壁垒等问题，整理出一份切实可行的可行性分析报告，降低投资风险，实现稳健经营。

其次，在投资经营过程中，构建一套完整的风险预警和行情分析系统，对东道国经常变化的政治和经济环境进行深入分析，掌握第一手资料，防备风险的到来。

事实证明，在风险来到之前，做好充足的准备，就能采取更有效、更灵活的措施进行防范。

4.建立海外投资管理机构。

要想实现对海外投资企业的利益维护，就要构建一个专业的海外投资管理机构，更好地为海外投资项目提供便捷服务。

这些预设的管理机构，如"海外投资委员会""海外投资管理司"，能够将风险评估、规划、审批、管理、协调、咨询等项目聚集在一起，并制定完善的监督政策，定期对各国的投资环境做深入分析，有效地为企业海外投资的战略性规划提供科学依据。

5. 化解敌视态度。

要加强与他国企业间的来往、沟通和交流，用平等的态度去协调与各国企业之间的矛盾冲突，切实实现企业高层的友好对话和理解信任，寻求**能够实现双方共赢，开展友好合作。**

要积极参与国际合作，在国际市场上积极建立友好的形象，充分宣扬中国思想，避免他国对企业产生疑虑和戒心。

6. 积极做好跨文化管理工作。

文化差异是形成海外投资风险的一个重要原因，因此，做好跨文化管理工作至关重要。

首先，要正确地认识到跨文化管理制度的重要性，积极学习和了解其他国家的文化语言、禁忌、法律等知识，并开展跨文化沟通培训，使得员工了解其他国家员工的生活习俗、思维模式、信仰和追求等，打破员工之间的文化隔膜。

其次，统一企业文化价值观念，在员工心中树立企业形象，在员工的行为中渗透经营业务、理念等，最终打造共同的文化价值观。

第59问　如何避免盲目投资？

投资的关键绩效指标，是考核投资预算执行效果最关键、最重要的依据。投资的失误是企业最大的失误，一项重要的投资失误很可能让一家企业陷入困境，甚至走向破产。要想遏制这个问题，就要避免盲目投资，编制投资预算。

投资预算的结果并不是最重要的，通过编制投资预算的过程反复对投资项目进行思考和筹划，熟悉项目的投资目的和风险，才是最重要的。编制投资预算时，要对关键绩效指标进行深入研究和评价，同时做好以下两点。

一是明确投资是一项经济行为，进行投资时克服政治、人际关系等因素的影响。

二是进行投资时，不仅要做好投资预算，还要考虑到投资项目面临的风险，做好投资项目现金流量预算。

只有充分考虑货币时间价值和投资风险价值的投资预算，才可能帮助企业取得良好的效益。投资的关键绩效指标，主要包括投资回收期、投资收益率、净现值、净现值率、现值指数、内部收益率等。

1. 投资回收期。

以投资项目经营净现金流量抵偿原始投资所需要的全部时间，就是投资回收期。具体公式如下：

投资回收期 = 原始投资额 ÷ 年净现金流量

2. 投资收益率。

投资收益率又称投资利润率，是指投资收益占投资成本的比率。具体公式如下：

投资收益率 = 投资收益 ÷ 投资成本

3. 净现值。

首先，利用净现金效益量的总现值与净现金投资量算出净现值；然后，根据净现值的大小，对投资方案做出评价。净现值为正值，投资方案就可以接受；净现值是负值，投资方案就不可接受。净现值越大，投资方案越好。具体公式如下：

净现值＝未来报酬总现值－建设投资总额

4. 净现值率。

净现值率是净现值与投资现值之比，表示企业投资所得的净现值。净现值率小，企业投资的收益就低；净现值率大，企业投资的收益就高。具体公式如下：

净现值率＝项目的净现值 ÷ 原始投资额现值合计

5. 现值指数。

现值指数是指投资方案未来现金净流量现值与原始投资额现值的比值。现值指数大于1，方案可行，方案优。具体公式如下：

现值指数＝投资方案未来现金净流量现值 ÷ 原始投资额现值

6. 内部收益率。

内部收益率，就是资金流入现值总额与资金流出现值总额相等、净现值等于零时的折现率。通常，内部收益率用计算机计算，找到净现值等于零或接近于零的折现率。内部收益率计算公式如下：

$$\sum_{t=1}^{n}(CI-CO)_t(1+FIRR)^{-t}=0$$

在该公式中：

$FIRR$：财务内部收益率。

CI：现金流入量。

CO：现金流出量。

$(CI-CO)t$：第 t 期的净现金流量。

n：项目计算期。

第60问　投资风险管理应遵循哪些原则？

企业进行风险投资，要想对投资活动中涉及的各种风险实施有效控制，就要采用多种管理方法和技术进行风险识别、风险衡量、风险评估和风险应对。

投资风险管理的目标分为损失发生前的目标和损失发生后的目标，二者共同构成了投资风险管理的系统目标。要想减少和防止损失，减轻或消除风险的不利影响，就需要了解投资风险管理的原则。

1. 整体性原则。

企业要投资时，须从投资的角度考虑各种风险因素。首先，进行投资决策时，不仅要对投资涉及的内容足够了解，还要深入分析影响整体投资的各风险因素，以及各风险因素之间的关系。其次，要对风险因素的变化可能造成的损失进行预测，充分考虑到最高风险承受能力，从而选择合适的投资对象，采取合适的风险管理策略。

当然，企业不能局限于一时一事的风险，要从投资的内容和时间等角度，从整体性上把握风险因素及其变化。

2. 全程管理原则。

在不同的投资阶段，具体的风险因素也是不同的。因此，企业要时刻关注风险，针对不同的风险因素采用不同的风险预案。通常，投资风险管理可以划分为三个阶段。

（1）确定初始投资的目标后，确定风险管理的范围。

（2）确定相应的投资策略，每一步都要与风险管理的内容密切相关。

（3）做好操作过程中的风险管理。

3.经济型原则。

制订风险管理计划时，为了以最合理、最经济的方式处置安全保障目标，企业就要对各种效益和费用进行科学的分析和核算。

只要把握这三大原则，在投资中，就能减少许多不必要的损失。

第七章

并购风险：
积极应对，防范企业并购风险

第61问　什么是企业并购的财务风险？

企业并购是一项风险较高的资本运作形式，只有对并购中财务风险的表现形式和特征进行分析，构建企业信用智能管理系统，制定科学、合理的融资决策，才能对财务风险进行全流程的实时监控，保证并购活动的顺利实施。

所谓企业并购的财务风险，就是由并购定价、融资、支付等财务决策所引起的财务状况恶化，具体表现在以下3个方面。

1. 价值评估风险。

在企业并购过程中，并购双方都异常关注被并购企业的价值评估。对未来现金流量现值的估计，采用不同的评估方法，会得到不同的企业估值，企业应根据自身的并购战略需要，结合收集到的资料，采用最有利于企业利益的评估方法。在企业并购过程中，之所以会产生并购风险，其根本就在于并购双方的信息不对称，信息披露失真，目标企业价值预测出现偏差或错误。

2. 融资支付风险。

企业并购需要耗费大笔的资金，为了支付并购资金，往往需要进行外部融资，融资过程中涉及的融资方式、资金数量、时间、融资结构等，都会引发筹资风险。企业并购的支付方式一般包括现金支付、换股并购、杠杆支付和混合支付等，使用与资金流动性和股权稀释相关的并购资金，会带来支付风险。

3. 整合和控制风险。

企业并购要经历一个长期的磨合过程，完成并购后，并购双方都会在经营理念、财务管理和人员素质等方面存在较大差异，都可能给企业的财务管理和收益带来负面影响，提高管理和融合成本，无法形成理想的财务协同效应。只有对并购目标企业的现金流和财务管理能力进行有效整合，才能减少这类问题的发生。

同时，取得被并购企业的控制权后，还要对被并购企业的历史财务行为承担后果，如果被并购企业存在债务或违法行为，也会给企业带来财务风险。

企业并购的财务风险具有如下两个特征。

一是综合性。并购财务风险的综合性是由企业并购活动的特点决定的。企业并购活动是一个涉及多个环节的复杂的资本运营活动，各环节之间看起来相互分离，其实是相互作用的。各环节中的元素错综复杂，具有不确定性，都可能引发财务风险；一旦引发财务风险，就会产生连锁反应，给并购活动造成负面影响。因此，要想对企业并购财务风险进行有效的管理和防范，就要认真看待并购活动的整体性和综合性。

二是动态性。影响并购财务风险的因素来自各个方面，并购双方资金状况还容易受到经济周期性波动、行业经济政策变化等环境变化的影响，如此企业就不能准确认识和预测市场变化。影响并购财务风险的因素众多，企业并购风险自然也就呈现出一定的动态性。

第62问　如何应对企业并购风险？

在并购活动中，企业之所以会出现财务风险，主要原因在于以下几个方面。

1. 融资渠道单一。

通常，并购活动涉及的资金数额巨大，对企业的融资能力有着极高的要求。企业融资渠道单一，就容易引发财务问题。企业并购后，并不能确定具体的经营发展状况，采用债务融资的方式，就会给企业的现金流造成很大的偿还压力；大量发行股票获得并购资金，则会稀释旧有股东的股权，减弱企业的控制力。

2. 支付方式单一。

企业要想通过现金支付的方式偿付并购企业的费用，就要完善自己的现金流。整个过程中，很容易引发并购企业资金链的断裂，从而影响企业的正常经营；企业选用股票的方式支付费用，则会影响股东股权比例的变化，继而影响到管理层的稳定性；企业使用杠杆支付费用，也会对经营状况造成压力，影响决策目标的实现。

3. 目标企业的估值不准确。

进行并购活动，首先要对目标企业的经营能力、财务状况等进行研究，得到目标企业的估值，然后进行收购活动。在整个估值活动中，掌握目标企业信息的关键在于财务信息。在实际操作中，财务信息造假，过高估计目标企业的价值,都会给企业带来重大损失。

4.社会宏观环境不稳定。

企业进行并购活动时,会受到宏观环境的影响,比如,随着国内宏观环境的变化,对企业并购活动的影响也随之变化。

企业要想规避并购中面临的财务风险,可以采取的策略如表7-1所示。

表7-1 企业规避并购风险的策略

策略	说明
提高企业的协同程度	企业之所以要进行并购,就是为了将不同企业进行整合,实现协同发展。实现不了这个目标,就会给企业的财务造成负面影响。将资产和负债等财务状况进行有效整合,就能提高企业的整体盈利水平,为企业投资提供更多的资金;同时,还能统一企业之间的财务核算体系,为今后的财务整合及业务管理奠定坚实的基础
建立多元化的融资渠道	对于企业并购活动来说,融资至关重要。企业只有拥有充足的资金,才能进行并购,才能偿还大量的并购资金。因此,企业要构建一个多元化的融资渠道,不能只依靠一种融资方式
使用多种支付方式	单一的支付方式存在着较大的风险,要想降低风险,就要综合运用多种方式进行资金支付,以免给企业造成损失,比如现金、债券和股票等,具体的支付比例要依据具体情况来确定
建立合理有效的估值体系	能否建立合理有效的估值体系,是企业能否顺利并购的关键。对目标企业进行价值评估,不能主观盲目,要充分了解对方的经营状况和财务状况,然后再给出具体估值

第63问 信息不对称风险的表现如何?

足量和准确的信息是决定企业能否进行并购,以及以何种模式进行并购的依据。

现实中,在并购的过程中,并购企业对目标公司的了解存在着严重的信息不对称,就会给并购带来许多不确定因素。比如,目标公司为了获得更多利益,会向并购方隐瞒对自身不利的信息;为了虚增企业价值,加大谈判筹码,有些企业甚至还会杜撰对自己有利的信息。

同时,企业具有极大的复杂性,并购企业无法在较短的时间内全面了解目标公司情况,更无法逐一辨别真伪。不了解并购方的盈利状况、资产质量、或有事项等事宜,没有得到隐瞒债务、诉讼纠纷、资产问题等关键信息,并购实施后,就会落入陷阱,无法自救。

为了减少这种问题,企业可以聘请会计、审计、法律等专业机构,对目标公司进行全面的尽职调查,一旦在调查报告中发现目标公司的问题,就要跟被并购方协商解决。此外,企业还可以巧用并购协议中的"陈述和保证"条款,让目标公司和股东对没有披露的事宜做陈述和保证,建立起风险防控的壁垒。

第64问　企业并购过程中的财务风险有哪些?

在并购活动中,一旦并购价值预期与实际价值严重偏离,就会遭遇财务风险。

企业并购的财务风险源于并购过程中定价、融资、支付等财务决策引发的财务状况恶化或财务成果损失的不确定性。在整个并购过程中,隐含着众多财务困境和财务危机,主要包括以下内容。

1.计划决策阶段的财务风险。

在计划决策阶段,企业通常会对并购环境进行考察,对本企业和目标企业的资金、管理等进行合理评价。在此过程中，就存在价值评估风险和系统风险。

（1）价值评估风险。价值评估风险主要包括对自身价值的评估风险和目标企业价值的评估风险。做并购决策时，企业必须判断自己是否有足够的实力去实施并购，过高地估计自身实力或没有充分发掘企业的潜力，就容易遭遇风险；对目标企业价值的评估风险主要体现在对未来收益的大小和时间的预期，如果信息真实或并购过程存在腐败行为，就会给并购企业带来财务风险和财务危机。

（2）系统风险。企业并购的财务成果和财务状况的不确定因素，都是引发财务风险的原因，主要包括利率风险、外汇风险和通货膨胀风险等。

2.并购交易执行阶段的财务风险。

在并购实施阶段，企业要确定并购的融资策略和支付方式，整个过程容易引发融资风险和支付风险。

（1）融资风险。融资方式主要包括两个：内部融资和外部融资。不同的融资方式，会引发不同的融资风险。

内部融资。虽然内部融资不用偿还，没有筹资成本，但依然会产生新的财务风险。由于太多地占用企业的流动资金，也会降低企业对外部环境变化的反应和适应能力。

外部融资。外部融资主要包括权益融资、债务融资和混合性证券融资3种，如表7-2所示。

表7-2 外部融资引发的风险类别

融资方式	说明
权益融资	这种方式可以迅速筹到大量资金，但一旦改变企业的股权结构，也会让企业大股东失去控股权

续表

融资方式	说明
债务融资	采用这种融资方式，能带来节税利益和财务杠杆利益，但负债过高，会恶化资本结构，引发较高的偿债风险
混合性证券融资	这种融资方式兼具债务和权益融资双重特征，包括可转换债券、可转换优先股等

发行可转换债券融资，企业不能自主调整资本结构，会带来股权分散的风险；发行可转换优先股，虽然可以使用较低的股息率，但会使企业面临减少取得资金和增加财务负担的风险。

（2）支付风险。企业并购，可以采取四种支付方式：现金支付、股权支付、混合支付和杠杆收购。其风险主要表现在现金支付产生的资金流动性风险、汇率风险和税务风险，股权支付产生的股权稀释风险和杠杆收购产生的偿债风险。采用不同的支付方式，也会带来不同的支付风险，具体表现为支付结构不合理、现金支付太多，会加大整合运营期间的资金压力。

第65问　如何确定目标企业的价值？

企业的并购行为通常都是基于不同的动机，且不一定是某种单一动机。因此，在企业并购活动中，为了解决目标企业的估价问题，就要明确企业进行并购的目的和动机，选择合适的估价方法，然后再进行估价。

动机1：获得特殊资产以及有潜在价值的资产。

有些企业之所以要进行并购，主要是为了获得某项特殊或有潜在价值的资产。这里的特殊资产，可能是对企业发展至关重要的专门资产，被并购方无法将该资产的关键作用发挥出来。

同样，之所以会产生并购的动机，前提是被并购方发展不景气或濒临破产，并购方进行重组，以较低的并购价格获得有利资产，而被并购方也想尽快通过并购渡过难关。此类并购不需要考虑资产的未来预期收益，可以使用两种方法进行评估，一种是重置成本法，另一种是清算价值法。

（1）重置成本法。如果被并购方遇到的困境是暂时的，企业还可持续经营，就可以采用重置成本法。重置成本是指在目前市场条件下，考虑到资产的各项贬值和经济环境变化等内外因素，获得相同或类似资产所需要支付的价格。该方法更贴近企业目前的生产经营实际，适用于收益能力差、市场上很难找到参照物、真实市场价值不能直接通过账面价值来反映的企业。

（2）清算价值法。如果被并购方失去了增值能力且无法继续经营，就可以采用清算价值法。具体方法是：工作人员对各单项资产的清算价值或市场价值进行评估，扣除相关清算费用，比如，支付给将离开员工的补偿、支付清算过程费用等，就能得到企业价值的评估值。公式为：

资产处置净收益＝资产处置收入－相关清算费用

动机2：获得财务效益。

享受税收优惠达到合理避税、实现利润操纵、获得某些资金供给方面的优惠等，都是并购想要达到的目标。

（1）合理避税。为了合理避税，具有税收减免和累积税收损失的企业，就可以与有盈利的企业进行并购；企业并购目的，如果不是追求战略布局等协同效益，则可以采用账面价值法进行评估，即先用资产负债表反映被并购企业的有关信息；然后对被并购企业的资产进行详细清查和评估，得出相应的调整系数，将账面资产进行调整；最后，得到企业的评估价值。公式为：

目标企业价值＝企业资产账面净资产 ×（1+调整系数）

账面价值法充分利用了企业财报，容易得到被评估企业人员的配合，操作起来并不难。

（2）利润操纵。为了更好更快地改变公司的当期利润，有些企业会通过并购进行利润操纵。具体方法是，将取得的资产和负债继续按账面价值入账，确认并购方的初始投资成本，将相关费用计入当期损益。这种并购方式是企业间的资源联合，不具有商业实质，不是一种购买行为。

动机3：战略布局。

为了在竞争激烈的经济市场上找到适合生存的发展之道，企业都在追求多元化的战略发展。而在众多发展的途径中，企业并购已经成为普遍采用的一种战略方式。

首先，为了进行战略布局，企业希望通过并购的方式来扩大生产规模，提高经济效益，达到规模经济。同时，与被并购方实现企业文化、管理经验、人力资源等方面的整合优化。

其次，为了跨行业进入全新领域，实现多元化发展，有些企业就会以并购的方式进入新行业，利用被并购方在该新领域积累的技术经验、人才市场和相关优势，有效冲破行业壁垒，降低进入难度；同时，避免引起价格战。

可以采用的评估方法主要有两种：市场比较法和收益法。

（1）市场比较法。在公开市场上，在相同经营阶段存在较多的可比企业，且被并购企业在并购活动后还能保持较高的相似性，就能通过市场法进行评估。具体公式是：

目标企业价值＝价格比率 × 价格比率基数

（2）收益法。如果并购后企业的运营方式、管理模式等会发生较大调整，且几乎找不到可比公司，就可以采用收益法进行评估。运用这种方法对目标企业价值进行评估，遵循被并购方的预期收益、折现率和预计收益期限3个基本要素。

动机4：追求协同效应。

追求协同效应的并购更像一种投资。企业希望在充分利用现有资源的基础上，以并购的方式来扩大生产规模，提高市场占有率，涉足全新领域，改善管理水平与技术水平，与被并购方实现协同发展，获得协同效应。通过并购行为，企业可以对原有资源进行合理分配，使原有资源得到合理配置，从而促进企业价值的增值。

（1）实物期权法适用性分析。投资并购获得协同效应的最终目的是追求并购收益，但该收益的体现具有滞后性，即效益并不一定表现在交易发生的当期。并购方如果想通过目标企业的优势产业与预期良好的发展能力来提高自身的发展水平，就要借助目标企业的优势。

（2）实物期权法应用。在传统并购价值评估方法的基础上，在以并购为目标的企业中，还隐藏着期权价值，可以充分体现企业价值的发展机遇，使企业价值的评估值更合理。运用这种方法，目标企业的价值可以表示为：目标企业价值 = 企业内在价值 + 并购产生的期权价值。

第66问 并购融资的渠道有哪些？

在并购方购买并购标的物的过程中，会涉及巨额资金，如果仅利用自有资金，可能会面临资金不足的问题，这时候就需要进行融资。那么，并购融资的渠道究竟有哪些？

1. 发行股份融资。

为了融资，公司可以公开发行股份融资，主要包括配股和增发。

（1）配股可以增加原股东的支付成本，但不会构成股权稀释，控制权不会发生改变。

（2）增发会造成股权的稀释，改变股权结构，引入新的重要股东，就会给管理层带来改变。

2. 银行贷款融资。

企业与银行之间的信贷关系是商业银行业务中最主要的关系，也是整个金融体系中一种重要的关系。为了对企业偿债能力进行评估，银行通常拥有成熟的制度体系，为了决定放贷的期限、数额和方式，会重点考察企业的信用、资产负债、盈利等情况，还会对企业进行风险评估和等级划分。企业只有符合银行的要求，才能获得银行贷款；条件不够，获得银行贷款的机会就会减少。

3. 发行债券融资。

发行债券是公司筹集并购资金的另一种融资方式，往往要受到公司财务状况的制约，包括资产情况、负债情况、偿债能力、资金用途情况等。只有减少了制约因素，才能提高融资效果。发行债券，会增加公司的负债，将来偿还债务时，会给企业带来巨大的压力，如果经营不善，偿债能力不足，就可能产生财务危机。

4. 杠杆融资。

利用杠杆融资的方式，不仅能提高并购效率，能筹集到并购资金，还能迅速增加公司的负债率。如果并购的是优质资产，利用得当，发挥规模效应，还能使企业发展快速走上新台阶；如果并购的资产没有发挥出它应有的作用，甚至并购后出现了不兼容等现象，并购的资产就会变成累赘。

对于企业来说，并购是一件重大交易事项，资金大、规模大、影响大，需要多方进入，共同完成；灵活采用多种方式进行融资，支付方式不再单一，企业就能根据自己的条件采用某种并购策略，降低并购成本和风险。

第67问 企业控制权过渡，有什么风险？

控制权是一组排他性使用和处置企业核心资源的权力。

掌握了公司的控制权，实际控制人就能对企业的发展方向、发展模式和路径、资源配置等产生有效影响，实现企业有序发展。要想形成或获得有效控制权，主要依赖于权力基础和能力保障两个因素，需要将二者结合起来，形成合力。

1.并购中控制权过渡的短期风险。

在企业并购过程中，控制权的过渡风险，以并购交易的时点为参照，可以分为短期风险和长期风险。

短期风险主要指交易风险，多数体现在交易发生后的一年内。

长期风险主要指并购后的整合风险，多数体现在交易发生后的数年之内。

在并购过程中，控制权过渡的短期风险主要包括交易估值风险、标的资产权益瑕疵与财务黑洞风险、标的资产交割风险、经营与治理状况信息风险、实际控制权风险、人力资源流失风险等，企业一定要高度重视。

（1）交易估值风险。确定了打算并购的企业后，并购双方最关心的问题一般是，以持续经营的观点合理地估算目标企业的价值并作为成交底价，这也是并购成功的基础。目标企业的估价，取决于并购企业对其未来自由现金流量和时间的预测。对目标企业的价值评估，一旦预测不当，准确度就会受到质疑，并购公司就会引发估价风险。当然，具体风险的大小还要取决于并购企业所用信息的质量。

（2）标的资产权益瑕疵与财务黑洞风险。并购各方信息不对称，出让方需要对目标企业进行商业包装，将不利信息隐瞒起来，而将好消息进行夸大；同时，并购方还会夸大自己的实力，制造期望空间。如果双方信息披露都存在不充分或失真等问题，比如隐瞒了资产的权益瑕疵、价值瑕疵和财务黑洞等关键信息，就会引发股权瑕疵风险、标的资产瑕疵风险与财务黑洞风险。股东未出资、股东出资未到位、股权设定担保、股权被采取司法限制措施、已转让的股权再次转让等，都会对股权的质量和价值造成负面影响。

（3）标的资产交割风险。出让方不仅在交割日前办理完股权变更手续，还要为实际的股权行使创造条件，比如，原董事辞职。因此，要想减少标的资产的交割风险，就要确定合理的交割日和违约责任。在股权转让协议中，必须明确约定受让方交付转让价金和出让方交割股权的具体日期或期限；分期交付的，还要约定每期支付的具体数额和具体日期。

（4）经营与治理状况信息风险。所谓经营信息风险，就是目标公司的母公司或其他关联公司的同业竞争或关联交易信息披露不够详尽，并购方出现了决策错误。而治理信息风险则是指来自股权结构、股东会、董事会、经理制度等的信息风险,尤其是来自目标公司的反并购风险。

(5)实际控制权风险。股权是股东享有的权利,不仅有权选举公司的董事、监事人员,还有权对公司的重大决策问题进行表决。因此,股权结构决定了公司控制权的分布。董事会是公司的决策机构,只要将其控制住,也就控制了公司的决策中枢。

(6)人力资源流失风险。在并购过程中,人力资源因素是企业并购活动能否取得成功的关键因素之一。因为只有重视被并购企业人力资源的现状,才能发现其中存在的关键问题,减少并购的失败概率。

2.并购中控制权过渡的长期风险。

并购中控制权过渡的长期风险主要包括财务整合风险、经营整合风险、人力资源整合风险、战略整合风险和文化整合风险,应及时发现并进行控制,如表7-3所示。

表7-3 并购中控制权过渡的长期风险种类及控制方法

风险	说明
财务整合风险及控制	财务整合主要包括财务目标的整合、财务制度的整合、财务组织机构和职能的整合、财务管理目标的整合、财务会计核算制度的整合、财务组织机构及其职能的整合,以及存量资产、负债的整合。在上述财务整合过程中存在着一定的风险。企业之所以要进行并购,目的就是降低营运成本、扩大市场份额、重新优化配置资源、增强核心竞争力,对存量资产和负债进行有效整合,有助于上述目标的实现
经营整合风险及控制	企业并购后,如果无法产生市场份额效应、管理协同效应、财务协同效应和经营协同效应,就无法实现优势互补与规模经济,无法达到并购预期目标,继而产生风险,这就是经营整合风险。要想防范此类风险,可以在并购前制订详细的整合计划,包括经营整合的目标、整合的内容、整合的途径;完成并购交易后,尽快开始实施经营整合计划
人力资源整合风险及控制	企业完成并购后,还涉及人事的重组问题,一旦出现问题,就会严重阻碍并购。要想将这类风险降到最低,就要跟目标企业的管理者进行深入沟通,对高层管理人员或重要管理人员进行统筹安排,最大限度地留住优秀人才,为并购后的企业贡献力量

续表

风险	说明
战略整合风险及控制	企业的发展离不开发展战略的规划和制定，企业并购战略与经营发展战略有着密切关系。因此，企业并购，就要分析并防范战略整合风险，具体方法如下：对目标企业进行全面调查和仔细研究；改善信息不对称的状况；对企业内外部环境进行研究
文化整合风险及控制	企业并购发生后，公司、管理者和普通员工的业务水平与职业生涯等都会发生重大变化，个人价值观、行为与外来文化也容易发生冲突。研究表明，企业并购整合的最大障碍是不同公司文化的冲突。要想规避企业文化整合风险或文化磨合风险，可以采用以下方法：对原公司与目标公司进行调研和比较，纠正、舍弃或完善内容，统一认识，开展宣教活动；企业成功并购后，原有的企业文化在企业内部相互适应和取舍，最终达到价值观念的统一，构建稳固的有机整体；企业要大胆改革原企业形成的传统观念或理念，革新除旧，创新文化氛围

第68问　在并购重组中，企业会遭遇哪些涉税风险？

企业并购重组，税务是最为重要的问题。在并购重组过程中，企业要想化解潜在的税务风险，就要重点防范以下六大税务风险。

1. 历史遗留税务问题。

一旦进行股权收购，被收购公司的所有历史遗留税务问题都将被新股东承继。在具体实务中，可能存在的历史遗留税务问题主要包括假发票、纳税申报不合规、偷税、欠缴税款等。下面举个例子。

公司甲以股权收购方式收购了公司乙55%的股份，两年之后，公司甲被税务稽查机关发现其在前两个经营年度存在偷税问题，需要补交税款和滞纳金2600万元；同时，处以一倍的行政罚款。可是，在收购方与原股东签订的收购合同中，并没有涉及历史遗留税务问题，由税务稽查带来的经济损失，只能由新股东承担。

2. 没有按规定申报纳税引起的风险。

最近几年，资本交易都是国家税务总局稽查的重点，包括对收入项目和扣除项目的检查。同时，针对间接股权转让发起的反避税调查也越来越频繁，涉案金额巨大、案件频出。国家税务总局在《关于加强股权转让企业所得税征管工作的通知》（税总函〔2014〕318号）中提出"对股权转让实施链条式动态管理""实行专家团队集中式管理""加强信息化建设"等做法，在企业并购重组中，股权转让会继续加大税务的合规性风险。

3. 特殊性税务处理不合规引起的风险。

特殊性税务处理，不仅可以实现递延纳税的效果，还可以节约现金流。企业并购重组适用的特殊性税务处理，不仅要满足"没有避税的目的""收购资产或股权要大于75%""股权支付额不低于整个交易的85%"等条件，还要到税务机关进行备案。如果企业没有备案，后续也未做纳税申报，一旦被税务部门发现，就会被认定为偷税。

4. 税务架构不合理引发的风险。

对于跨境并购来说，更需要筹划好公司税务架构。不同国家（地区）之间适用不同的税收政策，并购架构自然也存在一定的税负差异。比如，美国A公司收购中国B公司，如果选择直接收购，假定一年税后的利润为1000万美元，就要缴纳所得税100万美元；如果是A公司的香港子公司间接收购B公司，所得税就是50万美元。

5. 间接股权转让被纳税调整的风险。

近几年，国家税务总局国际司针对间接股权转让的纳税调整案件越来越多，最常见的情形就是，境外公司借用香港控股"空壳"公司的股权转让方式，转让内地子公司的股权。如果中间控股公司的存在只是为了规避纳税义务而缺少商业实质，税务机关就会运用一般反避税原则来否定中间控股公司的存在。

6.交易方式缺少税务规划引起的风险。

并购重组的交易方式共有两种：股权收购和资产收购。股权交易，被收购公司的税务风险由新股东承继；资产交易则不是。资产交易，一旦出现动产和不动产的产权变动，就会带来增值税、营业税和土地增值税等税负；相比来说，股权交易一般不需要缴纳流转税和土地增值税。

要想控制并化解这些税务风险，可以做好以下3项工作。

一是在并购前，积极进行税务尽职调查，识别并购公司隐藏的致命税务缺陷，及时做出判断：交易是否要继续下去？是否需要重新评估交易价格？如此，收购方就能全面了解被收购方的真实营运情况，发现未来税务优化的机遇。

二是规划并购重组税务架构与交易方式。并购重组中，企业结合自身战略、经营情况，选择最优并购重组税务架构和交易方式，就能节约一笔巨额现金流，保证并购重组的顺利进行。

三是提高并购重组税务风险管理水平。资本交易项目是税务稽查的重点，按照相关文件要求，及时申报纳税，也是企业需要切实做好的一项工作。

第69问 并购后财务整合的必要性有哪些？

所谓财务整合，就是运用特定的财务手段，对资源进行梳理和处理，使并购后的企业资源能有效协调融合。

在企业并购整合过程中，财务整合是重要的一项内容，决定着并购能否成功。

1.财务整合的内容和要点。

不同公司的经营范围与具体业务各不相同，财务整合的基本框架却极其相似，主要包括如下内容。

（1）企业资产的整合。企业资产整合主要包括资产鉴别、整合与剔除。资产是财务整合的重中之重，决定着企业实体经营的能力，重新审视双方资产，根据发展战略与经营业务对资产进行重新分配，将更具经济效益的资产进行有效整合，就能剔除双方的劣质资源，使企业资源结构更优化。

（2）财务管理目标的整合。并购前，双方是不同的公司，筛选出并购对象后，战略上就会实现统一，但财务管理目标通常不相同。因此，财务整合工作的起点是，根据实际情况，对新的财务管理目标进行分析和调整，为后续的整合工作提供方向。

（3）企业债务的整合。企业经过并购，双方债务进行整合，才不会产生难以背负的融资压力，实现更优的资产结构，减少融资风险。

（4）财务制度体系的整合。制度体系，不仅是运行财务工作的基础，还是合理评判与反馈工作的保证。

（5）业绩评价指标的整合。评价指标整合，是内部控制的基本内容，也是对企业实施控制的有效手段。

（6）财务组织机构的整合。部门机构是财务工作的"骨架"，只有设立合理，才能提高工作效率。

2.提高财务整合效力的对策。

（1）建立完善的财务体系。财务组织机构整合，包括岗位配置和人员配置，如表7–4所示。

表7–4 财务组织的机构设置

内容	说明
岗位配置	岗位配置与工作效率紧密联系在一起，并购后，面对新的环境，企业要结合尽职调查结果与发展战略，对岗位重新进行调整，根据实际需要，配置不同的岗位，减少岗位闲置与岗位重叠，避免资源浪费
人员配置	面对繁杂的财务工作，要结合考察机制，对财会人员进行考核，调整人员配置，提高办公效率

财务体系，主要涉及财务组织机构与财务管理体系。并购双方通常有自己的管理理念与经营文化，财务体系各具特点，并购后，彼此的规模与业务都会发生变化，财务工作难度也会大大提高，需要根据并购后的实际情况对双方的财务制度进行重新审视。

财务管理是对被并购方实施控制的有效手段，并购成功后，就要及时更新，防止管理脱节。首先，建立适宜的考核机制，不能一味地推行新制度，还要收集员工反馈，选派更有能力的人员担任财务负责人。其次，可以聘请专业人员帮助企业建立内控制度，定期检查并形成内部控制报告。

（2）重视财务整合。财务整合的最终意义是实现协同效应，只有通过财务整合处理，才能在一定程度上弥补并购操作中的不足。而要想做到这一点,就要从加强管理和加强控制做起,如表 7-5 所示。

表7-5 财务整合的方法

方法	说明
加强管理	首先,选派专业能力强的员工担任小组负责人,带领财务整合小组,结合战略目标与并购动因,建立合理科学的财务整合计划,同时关注整合进度与公司内外部情况,对整合计划进行更正与动态调整;其次,让调研人员参与到整合计划的撰写中,保证财务整合计划与企业的适配性;最后,负责人严格控制,让工作按照计划执行,建立反馈机制,将遇到的问题及时报告给上级,召开总结会议,对问题进行汇总、沟通和处理
加强控制	建立独立的监督小组,安排特定人员,对财务整合工作进行监督与检查,重点在于:对整合的进度与成果进行监督,确保财务整合工作有序进行;定期向管理者提交监督报告;保障监督人员的独立性

(3)明确并购战略目标。并购前,不同公司的财务目标存在一定的差异,但恰当的并购对象与公司在战略层面一定是统一的。整合的首要目的是,结合双方的实际情况,确定新的发展方向,尽可能减少双方的后续冲突,实现协同发展。只有在具体目标的指导下细化整合计划,才能将整合落到实处,保证整合工作的有序进行,防止出现混乱,及时纠错,为并购后的发展打下坚实的基础。

(4)提高并购前尽职调查的质量。为了防止并购双方的信息不对称或存在未知信息,对并购决策造成负面影响,产生并购风险,在进行尽职调查时,就要对公司的相关信息进行调查,主要涉及业务、财务、法律调查等。事实证明,只有进行充分的调查,才能维护并购对象的利益,才能确定双方是否可以在战略上实现统一,是否可以创造新增价值。

第70问 防范企业并购的法律风险，需采取哪些措施？

在并购过程中，企业常见的风险主要有财务隐蔽、合同管理、诉讼仲裁、交易保密、资产价值、客户关系、商业信誉、人力资源等风险。为了防范这些风险，企业就要做好交割承诺、设定先决条件和约定赔偿责任等。

1.企业并购过程中可能遭遇的风险。

（1）财务隐蔽风险。财务报表是并购中进行评估和确定交易价格的重要依据，财务报表的真实性对于整个并购交易至关重要。虚假的报表，会美化目标公司财务和经营，甚至把濒临倒闭的企业包装得很完美，彻底蒙蔽买方；另外，财务报表是对过去某一时间经营情况的显现，财务状况的不良变化不一定会显示出来，因此不真实的财务报表也会影响到买方的权益。因此，在决定购买公司时，要关注公司资产的构成结构、股权配置、资产担保、不良资产等情况。

（2）合同管理风险。很多合同都会影响到企业在并购中的风险，比如，目标企业对与其有关的合同有可能管理不严；由于被并购方的主观原因而使买方无法全面了解目标企业与他人订立合同的具体情况；企业以信誉或资产为他人设定了担保未没在档案资料中加以反映，甚至连目标公司都忘得一干二净……这些问题都会影响到企业在并购中的风险。也就是说，在签订并购合同时，忽视了这些风险，一旦这些风险展现出来，就会降低目标公司的价值。

（3）诉讼仲裁风险。很多情况下，诉讼的结果事先难卜或者无法准确地预料，如果被并购方没有全面披露正在进行或潜在的诉讼的个体情况，诉讼的结果就可能改变很多形式，比如应收账款等，让目标公司的资产数额发生改变；同时，在某些特殊情况下，如诉讼对象在判决的执行前进行破产清算，也会使目标公司作为资产的债权减小到不可思议的程度。

（4）交易保密风险。为了减小风险，并购交易的双方面临着巨大的风险，要尽可能地了解被并购方的信息。可是，同时也会产生新的风险，比如，甲方提供的信息被乙方滥用，就会使该方在交易中陷入被动；或者，交易失败后，买方掌握了几乎目标公司的所有信息，比如，配方流程、营销网络等商业秘密，就会对被并购方产生致命的威胁。

（5）资产价值风险。公司并购的标的是资产，资产所有权归属是交易的核心。所有权问题看起来似乎很简单，却隐藏着巨大的风险。比如，公司资产账实是否相符、库存可变现程度多大、资产评估是否可靠、无形资产的权属是否存在争议、交割前的资产的处置（分红、配股）……都可能使买方得到的资产与合同约定的价值相去甚远。

（6）客户关系风险。兼并的目的之一，就是利用目标公司原有客户，节省新建企业开发市场的投资，尤其是对市场依赖性比较大的产业或企业对被并购方的客户比较关心的情况。被并购公司原客户的范围及其继续保留的可能性，都会影响到它的预期盈利，客户关系不融洽，至少会在一定程度上加大被并购企业交割后的运营风险。

（7）商业信誉风险。商誉也是企业无形资产的一部分，很难通过账面价值来体现。企业在市场中及对有关金融机构的信誉程度有无存在信誉危机的风险,则是企业获利能力的重要因素。建立良好的信誉不易,改变企业在公众中的形象更难,兼并一个信誉不佳的公司,会使并购方增加不少负担。

(8)人力资源风险。劳动力是生产力要素之一,只是在不同的行为中作用大小有所不同。被并购方人力资源情况也具有一定的风险性,比如,员工负担是否过重、员工的熟练程度、接受新技术的能力、并购后员工是否会离开等,都会影响预期的生产成本。

2.并购交易中的风险避让。

(1)并购协议中的重要条款。并购协议风险中,需要避让4类重要条款,如表7-6所示。这4类条款是并购双方讨价还价的关键,也是保护双方交易安全的必要条件。

表7-6 并购协议中的风险避让条款

条款	说明
陈述与保证	在合同中,双方都要就有关事项做出陈述与保证。其目的有二:一是公开披露相关资料和信息;二是承担责任。有些资料和信息具有保密性质,被并购方必须跟企业达成保密协议,在后期调查阶段如果企业发现对方的陈述与保证跟事实有出入,就能调整交易价格、主张赔偿或退出交易,避免风险
卖方在交割日前的承诺	签订合同后,到交割前的一段时间里,被并购方要做出承诺,准予企业进入调查,维持企业的正常经营;同时,不能修改章程、不能分红、不能发行股票,更不能与第三方进行并购谈判。如果被并购方不履行承诺,企业同样有权调整价格,主张赔偿或退出交易
赔偿责任	合同中,可以专门设定一定的条款,对因对方轻微违约而造成的损失进行弥补或赔偿。如此,不仅可以保证交割的顺利进行,达到并购的目的,还能在双方发生变化时保持交易的公平
交割的先决条件	公司并购程序之所以烦琐,唯一目的就是交割,即使双方或其中一方没有完美地履行合同,只要满足了特定要求,交割就能完成

(2)防范风险的相关法律制度。从我国现有的法律制度来看,有效避让并购交易中的风险,还可以采取以下方法。

①物权担保。为了债务的顺利履行，债权人可以要求债务人或债务人以外的第三人提供特定的财产，也可以依照法律占有债务人的财产来担保债务；债务人不履行债务时，债权人可以直接处分担保物，优先清偿。

②保证。为了确保债务的履行，降低债务不履行而可能给债权人造成的损失风险，就要做出适用保证，让债务人以外的第三人来承担债务，降低债务人不能履行债务的风险。

第八章

财务预警与财务预警系统:
细化管理,设定财务预警机制

第71问　企业财务预警机制存在哪些问题？

企业财务预警系统存在的问题主要有以下几个方面。

1.财务预警系统与管理信息系统无法整合。

财务信息是企业经营管理状况的综合反映，业务恶化是财务恶化的前奏，而有效的财务预警通常要依赖于有效的业务预警和完善的管理信息系统。目前，虽然许多企业建立了自己的管理信息系统，通过现代信息技术实现了资源共享和功能集成，为财务预警系统的数据采集拓宽了渠道，为预警功能的发挥提供了可能，但是它们的财务预警系统是孤立的，或者只是财务信息系统的一个子系统，所以存在财务预警信号不太准确，时效性较差的问题。

2.财务预警系统的有效运行缺少组织和制度保证。

财务预警系统的核心是科学有效的预测方法，而组织和制度的保证是有效实施财务预警的关键。企业要根据具体情况，设置独立的财务预警机构；虽然可以将财务预警机构纳入现有的财务部门，但必须赋予其一定的权限和职责，并建立规章制度对其进行规范。同时，财务预警是一项长期的工作，为了保证财务预警系统的高效合理运行，还要对其预测效果和工作规范进行定期检查和评价，不断总结经验，对预测指标和标准进行调整。

3.忽略了定性方法在财务风险评估中的作用。

财务风险评估是测量、判断财务风险大小的活动过程，如何评价财务风险是防范、控制财务风险，实现风险管理目标的重要内容。目前，常用的财务风险模型主要有单一指标模型、Z分数模型等。这些模型采用精确的经典数学评价方法，对财务指标进行定量分析，由于评价标准的确定主要依赖过去的经验数据，判断出现偏差在所难免。忽视定性方法和非财务指标，可能导致财务风险评价结果的不全面或不准确。

4.现金流量指标的运用较少。

在财务报表体系中，资产负债表是一张综合反映企业财务状况的核心报表，其他报表是对资产负债表中某些重要项目变化过程的解释。完整的财务状况一般包括企业资产质量及规模状况、资产结构状况、盈利状况和现金流量状况等。

目前，选择财务预警模型变量时，应用最多的是资产负债率、营运资金/负债总额、流动比率、速动比率、净资产收益率、销售净利率等。这些变量都来自资产负债表和利润表，可以用来评价企业的资产质量、资本结构和盈利状况。如果运用的现金流量指标较少，忽视了对企业现金流动状况的评价，就会削弱财务风险评价模型的预测效果。

第72问 企业财务危机预警系统的功能有哪些？

对于企业来说，构建一个有效、适用的财务危机预警系统，对财务运营做出预报，无论从哪个立场分析，都是十分必要的。

财务危机预警系统涵盖了财务管理的一系列环节，主要具有以下功能。

功能1：信息收集。

财务危机预警的过程也是一个收集信息的过程，该系统的主要工作是收集与企业经营相关的产业政策、市场竞争状况、企业本身的各类财务和经营状况的信息，进行分析和比较，贯穿于财务危机预警的始终。

功能2：信息监测。

财务危机预警系统可以对企业的生产经营过程进行跟踪，将企业生产经营的实际情况同预定的目标、计划、标准等进行对比、核算和考核，对企业营运状况做出预测；只要找到偏差，就能发现产生偏差的原因或存在的问题，并显化其价值形式。一旦发现了危害企业的财务关键因素，就能提出警告，让管理者及时寻求对策，最大限度减少企业财务损失。

功能3：风险预报。

使用财务危机预警系统，一旦出现了危害企业财务状况的关键因素，就可以提出警告，提醒企业管理者及时寻求对策，以免潜在风险演变成现实损失，起到防患于未然的作用。

功能4：风险诊断。

诊断是预警体系的重要功能之一。该系统可以对跟踪和监测的结果进行对比和分析，只要运用现代企业的管理技术和诊断技术对营运状况的优劣做出判断，就能找出企业运行中的弊端和病根，把有限的企业资源用于最需要或最能产生经营成果的地方。

功能5：危机治疗。

使用财务危机预警系统，通过监测和诊断，就能找到企业存在弊病的病根，继而对症下药，更正企业营运中的偏差或过失，使企业恢复到正常状态。因此，发现了财务危机的苗头，企业管理者不仅要阻止财务危机的继续恶化，还要主动寻求内部资金的筹集渠道，积极寻求外部财源。

功能6：辅助决策。

财务危机预警系统能够及时为企业高层提供决策所需的信息，保证决策的科学性和可行性。

功能7：完善改正。

通过预警信息的分析，企业就能系统而详细地记录财务危机发生的缘由、处理经过、解除危机的各项措施，以及处理反馈与改进的建议，供未来解决这类问题做参考。将企业纠正偏差与过失的经验、教训转化成企业管理活动的规范，将来就会少犯或不犯类似的错误，增强企业的"免疫力"。

第73问　企业财务危机预警系统设计的原则有哪些？

设计企业财务危机预警系统，要遵循以下几个原则。

原则1：科学性。

所谓科学性，是指设计财务危机预警系统的程序和方法必须是科学的、有效的。否则，预警系统就不能发出正确的警报信号，企业就不能得出科学的结论，更无法做出正确的经营管理决策。

企业要根据自己的财务状况，选择适合自己的财务危机预警模式，修改或创造出更好的模式。当然，不同企业的规模和运作方式不同，可选择的预警程序也会有所偏差。

原则2：系统性。

财务危机预警系统的系统性主要强调以下两个方面。

（1）以目标为中心，始终强调系统的客观效果，强调预警的对象是企业的财务危机。

（2）以整个系统为中心，预警时结合客观实际情况，突出的是整个系统的最优化。

将企业作为一个总体系统，按照业务流程，可以分为销售、生产、采购等子系统；按财务管理流程，可以分为收入、成本、现金流等子系统。之所以要对各子系统进行预警和控制，就是为了保证企业总体系统的最优化。

原则3：动态性。

用财务预警系统对企业经营风险进行预测，不仅能预测未来，还可以对经营趋势做出分析。因此，财务预警时必须把过去与未来结合在一起，不仅要对过去进行分析，更要把握未来的发展趋势。财务危机预警是一种动态的分析过程，要充分考虑环境因素的制约作用，比如，宏观经济环境、企业法人治理结构、信息化程度、观念的变化等；同时，为了确保财务预警系统的先进性，还要根据市场经济的发展、企业风险的变化，不断修正和补充预警系统的内容。

原则4：成本效益权衡。

在整个财务危机预警系统中，必须考虑到成本和效益的权衡，使用预警系统产生的效益应超过所花费的成本（至少二者相等）。也就是说，关键是要运用选定的模型和方法，对企业危机状况进行预测和报告，把握主要问题，及时报警，争取选择对策、控制财务危机的时间。需要注意的是，效益和成本的评估是一个判断的过程，有些模型或指标固然有用，但如果支出的成本太多，也要放弃，转而使用其他替代模型或指标。

第74问　为何要加强审计的监督工作？

随着现代企业制度的建立、健全和完善，内部审计在企业管理中的作用和地位也发生了一系列变化。内部审计不仅具有经济监督、控制、经济评价和经济鉴证职能，还具有经济管理、经济咨询服务等职能。而这也是加强审计监督工作的主要原因。

企业内部审计的作用是内部审计职能的外在表现，在维护财经纪律、保护企业合法权益、改善企业经营管理、提高经济效益、应对国际市场竞争等方面，都发挥着重要作用。概括起来，企业加强审计的监督作用的原因不外乎以下几个。

1. 制约作用。

只要对企业的经济活动及经营管理制度进行监督检查，对照国家的法律法规和企业的规章制度，按照审计工作规范要求，就能揭示企业的违法违纪行为，维护企业的正常经济秩序。

制约作用主要体现在以下3个方面。

（1）披露经济活动中的错误和舞弊行为，保证财务信息资料能够真实、正确、及时、合理合法地反映事实，纠正经济活动中的不良风气。在实际工作中，如果企业信息存在"账外账"、"两本账"和私设小金库等现象，就要强化内部审计监督，查错防弊，提高财会人员和审计人员的业务素质。

（2）配合纪检监察部门，打击各种经济犯罪活动。对财务收支等经济活动进行审计，就能发现损失浪费、贪污腐败等行为，及时向纪检监察部门提供信息和证据，继而采取措施，充分发挥审计的制约作用。

（3）制止违规违纪现象，保护国家财产和企业利益。对企业执行国家财经纪律的情况进行检查和监督，就能制止违规行为，为企业的健康发展创造有利条件。

2. 防护作用。

在执行监督职能的过程中，通过内部审计，可以深化改革，降低成本，增加效益。

（1）为建立高效的内部控制制度提供保证。为了适应深化改革的需要，应对激烈的市场竞争，企业会开展事前、事中和事后审计，保证审计内控系统的健全性和有效性，揭示薄弱环节和失控点，改正和强化内部控制制度，提高企业的管理水平。

（2）保障国有资产的安全性。审计部门通常异常重视企业的生产经营情况，熟知企业的资产状况，就能随时随地开展内部审计督查，继而提出有效措施，确保国有资产的保值增值，防止资产流失。

（3）降本增效，维护财经纪律。有效地开展经济效益审计，是目前企业内部审计工作的重点和关键，其目的是降低成本增加效益、维护财经纪律。

3. 促进作用。

（1）促进企业改善经营管理，提高经济效益。对财务收支和经济效益进行审计，就能发现影响财务成果和经济效益的各种因素，提出解决问题的办法，进一步挖潜降耗、增加收入。

（2）促进经济责任制的完善和履行。通过经济责任制审计，可以发现制度本身存在的缺陷，将其及时反馈给有关部门，就能解决履行情况和责任归属不清等问题。

（3）促进经济利益关系的正确处理。不定期地对子公司和分公司进行审计，就能约束下属实体遵章守规、正当经营、依法办事，有利于调动各方面的积极性。

4. 鉴证作用。

（1）进行任期内经济责任审计和领导干部离任审计，强化内部监督机制。对企业领导进行任期内审计，就能对企业管理者进行有效的监督，遏制腐败，为上级主管部门提拔职员提供依据。

（2）开展联营审计，维护企业合法权益。在生产社会化和市场经济不断发展的情况下，为了取得实效，企业可以建立经济联系，实现联合经营。

5. 建设性作用。

对企业的经济活动进行检查和评价，就能针对管理和控制中存在的问题提出富有成效的意见和方案，促进企业改善经营管理。

（1）对企业管理和制度的健全性与有效性进行审计，揭示薄弱环节，解决存在的问题，就能进一步完善内控制度，堵塞漏洞。

（2）对企业的财务收支和经济效益进行审查，找到经济效益新的增长点，就能消化不利因素，优化资源配置，增强企业活力和市场竞争力。

第75问 如何创新财务预警机制？

财务风险是企业发展过程中的必然产物，一直以来都在企业的运行发展中如影随形，是企业财务管理和内部控制的重要工作之一。

所谓财务风险，通常是指企业在各项财务活动过程中，受到各种无法预料或控制的因素，致使财务实际状况与财务管理目标发生偏离，使企业蒙受损失。

而财务风险预警，是指以企业信息化为基础，对企业管理活动中存在的潜在财务风险进行监控并报警的一种技术。该机制贯穿于企业经营活动的全过程，以企业的经营计划、财务报表和其他财务数据为依据，利用会计、金融和企业管理等专业理论，建立风险预警模型，就能对各种活动进行监控、筛选和分析，发现业务和管理中存在的问题，对可疑情况发出预警信号，供管理者进行跟踪和核实。

创新财务风险预警系统，不仅能让企业在第一时间发现存在的风险，还能向企业利益相关者传递信息，发出警报，供管理者及时采取应对措施，降低企业损失，促进企业经济资源的合理配置和安全管理，进而为企业的稳健发展提供保障。

第76问 企业财务预警分析的指标有哪些？

财务预警指标，是指企业总结和评价财务状况与经营成果的相对指标，以三大财务报表，即资产负债表、损益表和现金流量表为基础数据。

常见的指标主要有如下5个。

1. 盈利能力指标。

企业获取利润的能力，即为企业的资金或资本增值能力，通常表现为一定时期内企业收益数额的多少和水平。盈利能力是企业在一定时期内赚取利润的能力，利润率越高，盈利能力越强。对于企业经营者来说，对盈利能力进行分析，就能发现经营管理环节出现的问题。对公司盈利能力的分析，就是对公司利润率的深层次分析，主要指标包括营业利润率、成本费用利润率、盈余现金保障倍数、总资产报酬率、净资产收益率和资本收益率等。

2. 偿债能力指标。

偿债能力是反映企业财务状况和经营能力的重要标志，即企业有无支付现金和偿还债务的能力。偿债能力是企业能否健康生存和发展的关键，主要包括偿还短期债务和长期债务的能力。偿债能力指标主要包括资产负债率、流动比率、速动比率。

3. 企业营运能力指标。

营运能力指标指企业的经营运行能力，即企业用各项资产赚取利润的能力。企业营运能力的财务分析指标揭示了企业资金运营周转的情况，反映了企业对经济资源管理运用的效率高低，主要包括存货周转率、应收账款周转率、营业周期、流动资产周转率和总资产周转率等。企业资产周转越快，流动性越高，偿债能力越强，资产获取利润的速度就越快。

4. 销售能力指标。

企业销售能力是市场营销能力的最直接体现，也是市场销售行为结果的体现，可以对企业在市场竞争中的竞争能力进行综合评估。

5. 发展能力指标。

发展能力指标反映了企业在市场中扩大规模、提高实力的综合能力。

第77问　企业危机预警的信号有哪些？

通常，人们认为企业的利润越多越好。但利润也是有质量的，表现在利润来自其主营业务、该业务有良好的发展前景、企业未来能持续获利等。不幸的是，很多企业都没发现自己的企业利润质量在降低。

下面，我们总结了企业利润降低的几个信号。

1. 员工缺少执行力。

如果员工缺少执行力或执行力较差，至少说明企业可能存在这样一些问题：决策英明但行动错误、组织结构设计不合理、部门职能不清、岗位责权不明、管理层组织能力较低、目标不明确、计划性差等。

2. 市场份额减少。

市场竞争异常激烈，不同的竞争对手都在共同争夺市场占有率。如果公司的产品销售范围从全国逐渐缩小到部分区域，或售后服务越来越差，市场占有率逐渐减少，就会对本企业的发展造成潜在威胁。

3. 利润持续降低。

利润是企业求得生存和发展的保障。盈利能力偏弱，说明企业可能存在产品进入衰退期、经营成本太高、产品定价偏低、资金结构不合理等问题。

4. 缺少发展后劲。

如果企业经营方向不明确、经营模式守旧、人才素质偏低、创新能力弱、财务状况不健康等，就会发展滞缓，缺少发展后劲。

5. 资金链断裂。

如果公司正常运转必备的资金，比如生产成本、采购成本、工资费用等减少，拖欠工资，原材料付款不及时等，就要防范资金链断裂可能会出现的危险了。

6. 缺少创新能力。

对于企业来说，如果市场研究不深入、缺少研发人才、激励机制不健全、创新意识淡薄、研发经费不足等，就说明创新能力不足。

7. 缺少信息渠道。

如果企业岗位责权不明、计划失控、组织缺少凝聚力、工作流程复杂等，导致信息沟通与传递不畅，企业就可能遭遇危机。

8. 关键人才流失。

如果企业存在管理混乱、经营目标不明确、缺少执行力、人才队伍不稳定、关键人才流失等现象，企业就要提高警惕了。

第78问　重大风险预警信号有哪些？

企业财务危机的危险信号如下所述。

1. 应收账款和库存提高。

企业经营的目标是由资产产生现金，如果应收账款的增长比营业收入的增长快，那么客户收到产品后需要很长时间以后才能付款；如果库存比营业收入增长还快，意味着企业生产速度快过销售速度。这两种情况都说明，现金被占用而没有产生回报。一旦出现这些信号，就说明企业供应管理低下，需求不足，不能给予过于宽松的信用期，有些问题的出现可能也源于不可控的市场因素。

2. 营业收入连续下降。

为了提高盈利水平，有些企业会采取必要的措施，比如，减少浪费性的支出、裁减员工、改善库存管理等。但企业要想获得不断成长，则要依赖于销售的增长，如果营业收入连续3年下降，就说明企业是有问题的。随着时间的流逝，成本效益会逐渐降低。

3. 自由现金流和净利润比长期低于100%。

企业自由现金流持续低于净利润，通常应收账款和库存是罪魁祸首。当然，这也可能是一种财务欺诈，比如，将采购费用资产化代替支出，就会人为地夸大利润表里的净利润数。记住，只有现金流量表才能说明现金的价值，其他数据都是基于财务的假设。

4. 负债率上升或收益对利息倍数比率下降。

一旦负债上升，或收益对利息倍数比率下降，都说明企业的运营有些失控，要承担更多的债务。如果资产负债率超过100%或收益对利息倍数比率小于5，就要仔细分析一下；如果同时兼有营业收入和利润下降，就要更加小心，说明企业的财务状况已经非常差了。

5. 过度地提高流通股票数量。

比如，企业股票数量每年都要增加2%~3%，管理层正在逐步出让公司，并通过期权和一次股票发行来稀释股票。如果公司的股票数量每年都下降，就说明管理层正在回购股票，以提高在企业中的股权。

6. 营业利润、净利润和自由现金流连续数年下降。

企业利润下降，说明管理者为了企业成长正在牺牲盈利能力。其实，企业利润下降不一定是内部的运营情况出现了问题，也不能将利润下降只归因于外部因素。

7. 利润表和资产负债表上的"其他"庞大。

在多数企业的利润表和资产负债表上，都有"其他"项目，只不过很多人都不太关注。如果这些项目的比重太大，就要深入研究一下，看看里面都包括什么，这些费用会不会是重复发生？这些"其他"项目是不是隐藏的，比如，关联方交易或非业务相关项目？"其他"的内容越庞大，管理层可能试图隐藏的就越多。

8. 利润表上的营业外支出和一次性费用。

规范化的公司，财务数据一般容易理解，只有企图玩欺诈或隐藏问题的公司，才会将费用藏匿到"其他"项下。当然，也可能会增加一些项目，比如，"重组资产清理""商誉清理"等。如果企业连续几年都存在这类一次性费用，就有问题了。

第79问　企业财务危机预警系统由哪些要素构成？

企业财务危机预警系统是由若干要素相互联系构成的一个有机整体，该有机整体主要包括财务危机预警组织、财务危机预警信息、财务危机预警分析和财务危机预警管理。

1.财务危机预警组织。

预警组织机构的健全与否，不仅关系着企业财务危机预警运行机制运转效果的优劣，还关系到财务危机预警体系的功能能否正常、充分地发挥。为了保证财务危机预警工作的客观性和中立性，预警组织机构应独立于企业的整体控制，独立开展工作，但不能直接干涉企业的生产经营过程，只对最高管理者（管理层）负责。

预警组织可以是一个虚设机构，比如预警管理委员会；成员可以是兼职的，由企业内部熟悉管理工作、具有现代经营管理知识和技术的管理人员组成。同时，企业还可以聘请一定数量的外部管理咨询专家。

预警组织机构日常工作的开展，可以由职能部门派专人负责进行，或设立一个专门的部门，具体负责财务风险监测和预报工作。同样，为了保证预警工作的正常进行，负责具体预警工作的部门或个人需要保持高度的独立性，其工作应只对预警管理组织机构负责。

2.财务危机预警信息。

财务危机预警信息为财务预警提供信息支持，包括财务危机预警信息的收集、传递、处理与评价等。

财务危机预警所需信息与其他财务管理行为所需信息不同,单纯利用和依靠传统财务管理信息系统,并不能满足预警管理的需要。因此,从目前情况看,企业完全可以对现有的信息系统进行修正,增补一些能够反映企业财务风险大小的信息。从长远来看,可以自行开发或外购一个专门的预警信息系统,与原来的财务管理信息系统结合在一起,形成企业财务管理大信息系统。

良好的财务危机预警分析系统必须建立在对大量资料系统分析的基础上,因此,企业必须重视信息的收集、传递和处理。

(1)对收集的资料进行整理、汇总和计算,找到资料中隐含的经济发展趋势、危机和契机。同时,建立以计算机为中心、高速传递和处理信息的会计信息管理系统。

(2)根据收集目标,用各种办法收集资料,包括公司外部的报刊、统计数据、经济分析报告等市场资料,同业发布的公告、规划等资料,以及公司内部的财务资料及其他业务部门的资料。

(3)根据考察的内容和侧重点,明确信息的收集目标。

3. 财务危机预警分析。

财务危机预警分析,可以对内外部输入的信息进行甄别,建立一个科学、全面、有效的指标体系;还可以利用这些指标体系建立模型,进行多变量综合分析。因此,财务危机预警分析机制应该包含三项功能:识别警兆、确定警度和预报警情。

4. 财务危机预警管理。

财务危机预警管理机制包括日常控制和危机管理。

(1)日常控制。在系统实施过程中进行日常监控,对公司经营过程中的各种警兆进行控制，使其体现出来的预警数值不要逾越警度，一旦发生偏离，就能立刻做出反应，采取相应措施，防患于未然。

（2）危机管理。发生财务危机后，预警组织要采取一系列的补救措施，化解财务危机。

总之，财务危机预警是企业预警系统的一部分，不仅能提前告诉经营者关于企业内部财务营运体系内隐藏的问题，还能清晰地告诉经营者应朝哪个方向努力，真正做到有效解决问题，充分利用企业资源，实现效益的最大化。

第80问　企业财务风险预警机制设计的要点和举措有哪些？

1.大数据时代企业财务风险预警路径的设定要点。

（1）明确财务风险预警机制类型。大数据时代，企业财务风险预警机制的建立，需要明确其是常态预警机制还是特殊预警机制。从其核心工作内容上来看，常态预警机制往往贯穿于企业运营管理的全过程；而特殊预警机制则是在企业重大决策指导阶段应用的，可以细化到预警结果、预警结果评价、预警报告生成、预警风险识别阶段。在特殊预警机制应用阶段，对财务管理人员、大数据技术人员等有着高标准的专业技术要求，不仅要做好数据信息的分析与整理，还要做好变量信息的数据库输入。

（2）非结构化与半结构化数据的处理。非结构化、半结构化的数据处理，要想继续推进，必然要进行结构化处理。文字信息和数据信息经过分析处理后，能够将原始数据化的变量进行反馈，为计算机处理做好基础指导。经过计算机技术、大数据技术的综合应用，确保数据处理根据宏观经济的引导，就能对产业结构化进行调整，控制企业运营管理阶段出现的风险，做好各阶段的工作任务量化分析。

（3）企业财务风险预警机制的评估。运用现有的财务风险预警机制，根据量化结果，如果发现存在风险预警临界点，就能进行预警决策指导。当然，预警临界值的设置要合理化，不能过高或过低。运用大数据技术，建立向量模型，就能实现对临界值的优化确立；在预警机制应用的关键环节，将财务风险评估的各项指标结合在一起，能够产生一种多维度的探究实践空间。

2. 大数据时代企业财务风险预警路径设定的举措。

大数据时代企业财务风险预警路径的设定方法，如表8-1所示。

表8-1 大数据时代企业财务风险预警路径的设定方法

方法	说明
确定企业内部管理状况	企业在经营管理阶段，财务风险预警机制是最基础的工作内容，因此了解企业的运营管理情况和财务管理状况异常重要。在财务管理的过程中，如果企业把控阶段的能动性较低，就要运用EPR系统，对财务管理的实际情况进行衡量和判断。只要将所有的数据信息与资金流动、管理指标、经营状况、经济效益等结合在一起，就能对企业的发展潜力、风险管控能力等做出积极反馈
做好风险测度分析工作	对于企业来说，分析行业发展风险问题，设立财务风险预警机制，就能确立企业发展与行业发展之间的联系性。企业是行业发展的基本构成部分，无论是市场竞争机制，还是行业整体发展，都会对企业的经济增长率、行业竞争实力造成一定的影响。运用大数据技术，将各项财务风险指标进行量化控制，就能将财务风险预警路径设立得合理、有效和科学
确定财务风险关联性影响	采用现有的经济制度和产业发展模式，行业之间的关联性相对较强，支柱性产业的发展动力不足，上游行业容易遭遇危机。因此，要想设定大数据预警路径，就要针对近期产业主流发展态势，综合各种财务风险问题，提高供应链传导研究应用价值

第九章

外汇风险：完善制度，减少外汇风险

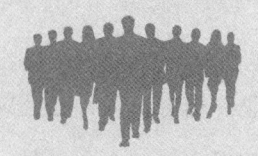

第81问　企业汇率风险管理存在的问题有哪些？

随着人民币汇率弹性的不断加大，对于进出口贸易公司及持有外汇资产负债的企业来说，合理有效应对汇率风险已经显得异常重要。

现实中，很多企业在汇率风险管理过程中有些不尽合理的现象，比如，企业谈到汇率风险管理时，喜欢先问"您对人民币汇率怎么看""您预测年底汇率会在多少""人民币是否会破某点位"等，希望通过外界或主观对汇率走势来判断和管理汇率风险；企业不愿承担套期保值成本，因财务核算等原因不承担这类费用，大大提高了汇率风险；对到期市场汇率和原套期保值汇率的比较，忽视了该笔远期结汇的初衷是提前锁定利润、规避不确定性等。这种情况具有一定的普遍性，反映了企业在汇率风险管理上的现状，概括起来主要表现为以下几点。

1. 缺少专业人员。

外汇套期保值产品的专业性相对较强，企业财会人员对产品的理解存在不足，除了少数大型集团公司或外资企业以外，多数企业并没有安排专岗员工负责外汇套期保值的相关事宜。主要原因是，具备外汇衍生产品操作能力的财务无法应对复杂的市场形势和多样的客户需求，害怕"衍生"，不喜欢外汇套期保值产品；多数企业的财会人员是传统会计出纳，不了解外汇套期保值，企业很少会涉及套期保值产品。同时，随着人民币汇率双向波动幅度的不断加大，简单的即期、远期产品已经难以满足需要。

2. 缺少汇率管理政策。

很多企业没有制定清晰明确的汇率风险管理政策，管理层对于汇率风险管理的目标导向不明确，只是简单地让财务部门"看情况处理"。可是，随着汇率市场化的不断推进，人民币外汇市场已经发生了根本性变化，人民币汇率的影响因素也变得复杂多样，汇率的可预判性越来越弱，依然采用这种简单粗放的汇率管理方式，忽视了企业实际生产经营情况和汇率避险需求，一旦外汇市场形势出现调整或主观判断错误，企业都可能遭受大额汇兑损失，影响到正常的生产经营活动。

3. 缺少有效授权与合理考核。

一旦缺少上述政策，汇率管理时就会缺少对财务部门的有效授权与考核，审批流程太长，避险产品选择受限，财务部门自然就不能有效实施汇率风险管理。

4. 操作随意，患得患失。

从根本上看，多数企业的外汇风险源于汇率政策缺失、授权缺失和人才缺失，有些甚至是因为在执行汇率政策过程中财务部门执行不严、不坚决导致的。

第82问　如何理解企业外汇风险管理的定义及目标？

所谓汇率风险，是指在涉外经济活动中，一个经济实体或个人因外汇汇率的变动，以外币计价的资产或负债价值出现涨跌，继而蒙受损失的可能性。

汇率风险，多半会带来两个结果：获得利益和遭受损失。汇率风险一共涉及3个要素：货币兑换、时间和敞口头寸。只要以外币计价结算，存在一定的时间间隔，就会产生汇率风险。

承担汇率风险的外币资金称为"敞口"或"风险头寸"。在外汇买卖中，风险头寸表现为外汇持有额中"买超"或"卖超"部分；企业经营中，风险头寸表现为外币资产与外币负债金额或期限不相匹配的部分，比如，金额、时间等。

构建外汇风险管理体系时，外汇风险管理目标设定是重中之重。它既是外汇风险管理实务的起始，也是最终归宿。企业进行外汇风险管理，就是明确外汇风险管理目标，使外汇风险管理制度化、日常化和常规化，将外汇风险管理融入员工理念与企业文化，完善组织架构，降低企业的现金流和价值波动。

目标1：避免不确定性的影响。

企业外汇风险通常源于未预期的变动。负债经营的企业，一般制定了严格的预算，设定了较高的收益目标，能够减少闲置资金，提高资本和资金的使用效率，满足债权人、投资者的回报要求。

如果不确定性强，企业的收入和利润就可能出现未预期的下滑，现金流也会随着汇率的变动而出现不利的变化。因此，企业进行外汇风险管理，首要目标就是对严重而不可预知损失进行"保险"，以便在出现重大不利变化时得到部分补偿，降低不确定性的恶劣影响。

目标2：平稳受冲击的现金流和企业价值。

对于企业来说，符合预期的现金流结构和利润水平非常重要。一方面，平稳、符合预期的现金流，可以帮助企业实现偿还债务和利息、保障生产和投资等目标，从而提高企业的生存和发展能力。进行外汇风险管理，就要对冲汇率变动可能带来的现金流和利率冲击，平稳现金流和利润，确保企业经营目标的顺利实现。

目标3：成本收益最大化。

通常，企业管理的目标是提高企业价值。要想规避企业外汇风险，不仅要减少重大风险、平稳现金流，还要降低成本。

为了规避风险，企业需要做出很多经营决策，或进行一系列衍生品交易。这些方式虽然可以避险，但也会产生一定的成本。这些成本，不仅包括投资决策或交易本身的成本，还应该包括采取风险管理策略带来的机会成本。

第83问 如何理解企业外汇风险的种类及管理需求？

对于外汇风险的识别和度量，公认的分类方法将其分为3种基本类型：折算风险、交易风险和经济风险。

折算风险，又称会计风险，是指由于汇率变动而引起的企业财务报表中以外币计量的有关项目发生变动的风险。其引发的外汇损益由折算方法决定，还要受到会计准则的制约。由于企业引起的损益只是账目损益，并不涉及企业的现金流动，因此在一般情况下，折算风险都不是企业风险管理和控制的重点。

交易风险是指由于汇率变动而引起的企业以外币表示的未履行的合约价值的变化，其引发的外汇损益会受到企业未了结的债权和债务的制约。该风险的度量是基于过去发生在未来结算的经济活动，具有一定的追溯性和前瞻性。

经济风险是指由于未预料的汇率变化而引起一种潜在风险，其引发的外汇损益由公司外来竞争状况决定，会对企业的生产、销售和融资等决策造成影响。该风险的度量基于企业未来的经济活动，受风险部分是企业长期的现金流，因此对于外汇企业来说，经济风险比其他外汇风险更重要。

企业外汇风险管理需求如下。

1. 不同的外汇风险，管理侧重点不一样。

关于交易风险、经济风险和会计折算风险，大型企业和中小型企业都会遭受到不同程度的影响，可是企业外汇风险管理的侧重点各不相同。通常，交易风险是多数企业外汇风险管理的重点，而折算风险和经济风险的管理程度则要根据企业的具体情况来定，且有些企业根本就没有对经济风险进行管理。

2. 只要发生以外币计价的销售或服务，就会产生交易风险。

只要发生以外币计价的销售或服务，就会形成经常项下的交易风险。中小企业对这类风险最敏感，为了减少这类交易风险，就要通过一定的管理手段和方法，降低现金流的波动幅度，使其维持在一个相对稳定的状态，同时降低汇率变动对企业利润率的影响。

3. 通过国际市场融资或投资，会形成交易风险。

大企业通过国际市场融资或投资，会形成资本项下的交易风险。要想管理这类风险，就要采取有效的金融工具，规避不同货币组合未能抵冲的风险敞口，实现会计成本和风险收益的最佳组合；同时，许多大型企业在不同国家还拥有子公司，跟中小企业比起来，涉及的币种较多，沉淀的外币资金较多，会计折算风险会对这类企业造成显著的影响。不过，折算风险只是一种账面损益，需要在交易风险与折算风险之间找到平衡点，因此，风险控制的关键是交易风险的控制。

4.经济风险与未来的发展关系密切。

经济风险，通常都无法单独进行辨别与计量，与经济环境、企业的总体战略目标、产品的生命周期等外部条件关系密切，企业采取金融或非金融外汇风险管理策略，并不能完全规避。

中小企业规模小，技术薄弱，受经济风险的影响较大；再加上经济风险造成的结果不能直接反映在会计报表中，不能被直接感受到，经济风险很容易被忽视，因此企业只有结合自身条件，从长远角度进行规划部署，才能提高应对风险的前瞻性和抗风险能力，继而降低经济风险造成的损失。

第84问　外汇风险管理的步骤有哪些？

外汇风险管理的步骤主要为风险识别、风险测度和风险应对。

1.风险识别。

企业要根据自身的生产经营特点以及所处的社会经济环境，来确定自身风险敞口的种类；同时，根据自身的风险特点，选择合适的风险管理策略和工具。目前，我国企业面临的外汇风险主要有以下3类。

（1）折算风险。所谓折算风险，就是企业资产负债表受汇率变动的影响。对于跨国企业来说，期末需要以本币对母子公司的财务报表加以计价合并，可能会造成交易日汇率与合并折算汇率不同的情况；二者差异较大时，跨国企业还可能面临资产减值的风险。企业的国外资产越多，风险敞口越大,面临的折算风险也就越大。

(2)经济风险。从本质上来说,经济风险反映的是企业未来经营性现金流量的汇率风险。预期外的汇率变动会对涉外企业的经营收入和成本费用产生影响,进而改变其未来现金流量现值;从期限角度来看,经济风险的影响更加长久,可能会直接影响企业未来的生产销售体系及生产经营活动的稳定性。汇率波动性越大,企业未来经营成果的不确定性越大,面临的经济风险也就越大。

(3)交易风险。所谓交易风险,主要指企业现金流量受到汇率变动影响的风险。汇率的变动会对企业出口合同中的应收账款、进口合同中的应付账款以及外币借贷款项等账户产生影响,进而造成兑换损益。在对外销售或进口中,如果企业频繁发生货币转化,其面对的交易风险就越大,现金流量和生产经营结果对汇率也越敏感。

2.风险测度。

确定自身所面对的关键风险后,企业就要努力测度其风险敞口。目前,常用的测量指标是风险价值(Value at Risk,VaR)。该指标反映了企业在一定时间内、一定置信度下的最大可能损失。计算VaR,常用方法主要有3个,如表9-1所示。

表9-1 计算VaR的常用方法

方法	说明
非参数方法	比如,历史模拟法,假设企业在外汇交易中的未来收益分布与历史情况相同。该方法最为简单直观,不会强行假定外汇收益率的分布,但需要大量的历史数据。在中国汇改的背景下,汇率形成机制的改革,让不同阶段的数据生成过程出现了明显的结构断点,可用的历史数据较少,容易产生小样本误差

续表

方法	说明
半参数方法	模型动态做出假设,而不对误差项的分布做出具体假设。半参数的方法在估计效率和估计误差之间进行权衡,一方面可以避免过度参数化可能导致的模型误设问题,另一方面对模型动态的假设,还能提高其相对于完全非参数化模型的效率
参数方法	假定外汇收益率服从特定的分布,比如,正态分布、t分布、偏t分布等。参数方法的主要问题是,参数假设与现实的差距容易产生估计误差

3. 风险应对。

确定汇率风险类型并计算风险敞口后,企业要决定是否以及如何应对这些风险。虽然在国际金融领域,管理不同类型汇率风险的最佳策略问题还没有得到有效解决,但在具体实务中,很多企业财务部门都已经在根据风险类型和企业规模使用各种外汇风险管理策略。

(1) 明确应对策略。针对交易风险,为了保持现金流和利润的稳定,企业通常会根据其对风险头寸未来走势的判断采取战术或战略型对冲策略。其中,战术型对冲策略主要应用于短期收付款,战略型对冲策略则主要用于应对长期交易风险。有些企业会采用被动对冲策略,保持相同的套期保值策略,不用判断未来汇率走势。经济风险反映汇率变化对企业未来现金流的可能影响,虽然无法被量化,但只要在不同市场上进行分散投资,就能直接抵消。企业可以自行承担部分成本上涨所带来的损失,或在提价过程中损失部分客户,让债务人从当地货币贬值中获益,对冲部分风险。

(2) 确定预算汇率。预算汇率可以为企业提供一个参考汇率水平,确保适当的对冲率,并实现偏差最小化。为了进行短期战术型对冲,许多跨国企业喜欢通过购买力评价理论来确定预算汇率;有些企业则是依据其销售期及对冲策略来确定预算汇率,如果企业按季销售,每年只需对冲4

次，以季末汇率作为预算汇率，就能将同期外币现金流波动保持在一定区间内，只要在会计年末日使用期权、远期组合等工具进行一次对冲操作即可，操作起来相对简单，也容易监控。

（3）设定对冲基准，测量对冲绩效。明确风险应对策略后，为了有效测度对冲效果，企业要设定对冲基准。对冲基准主要包括套期保值水准、报告周期和预算汇率。如此，就可以将对冲基准理解为企业在一定周期内依据预算汇率确定的套期保值水准；而对冲绩效则可以表示为在一定周期内对冲操作结果与套期保值水准的差距。为了找到应对单一货币风险敞口的最优策略，企业可以使用对冲优化模型，来优化外汇现金流的对冲策略。

第85问 如何理解外汇业务风险管理的对策和原则？

进行外汇风险管理，可以采取以下对策和原则。

1.外汇风险管理的对策。

（1）经济风险的管理。经济风险是企业在经营过程中客观存在的风险，主要表现在原材料供应、加工生产和销售等方面，会对企业的财务状况造成直接影响。对于企业面临的经济风险，可以从经营与财务两方面进行防范和管理，具体内容如表9-2所示。

表9-2 经济风险管理的措施

措施	说明
在经济方面	首先，企业可以采用分散化经营的方式，将经营范围扩展到多个领域，用盈利弥补其他国家或地区的亏损；其次，可以主动采取措施，例如调整经济结构，应对可能出现的经济风险

续表

措施	说明
在财务方面	在融资时，可以采用多种货币融资。随着汇率的变化，有的货币升值，有的汇率会贬值，而多种货币来源的资金渠道，可以抵消由于货币贬值带来的外汇风险

（2）交易风险的管理。对于企业来说，最常见的就是交易风险。在国际金融市场上，交易风险的管理方式多种多样。签订合同时，结算币种的选择异常重要。为了避免合同到期日结算时遭遇汇率风险，交易双方都希望采用本币进行结算。对于涉外企业来说，如果不能采用本币结算汇率，为了避免汇率贬值，出口方需要采用硬币结汇，进口方需要采用软币结算。如果交易双方无法就哪种货币作为计价货币达成协议，可以将"一篮子货币"当作计价货币。

（3）折算风险的管理。折算风险主要体现在企业的资产负债表上的资产账面变动。对折算风险的衡量，主要分为历史汇率法和目前汇率法。首先，要明确资产负债表中账户的性质，使资产、负债的折算风险相互抵消；其次，可以利用衍生工具进行保值，根据自身规模的大小，采用不同的外汇工具进行折算。

2.外汇风险管理的原则。

进行外汇风险管理，企业要坚持以下几个原则。

（1）全面重视。在开放市场经济下，汇率引发的风险是客观存在的。金融市场下，政府、企业和个人都会不同程度地遭受金融市场的风险。从宏观经济角度出发，外汇带来的风险涉及经济的各个层面。今天，外资企业和商业银行之间的竞争日渐激烈，为了提高自身的市场参与度和核心竞争力，就要正确应对外汇风险。企业面临外汇风险时，通常都会将外汇风险转移给银行或由国家财政进行承担。因此，当企业自身利益与国家利益发生冲突时，要正确处理二者之间的关系，不能为了维护企业自身利益，

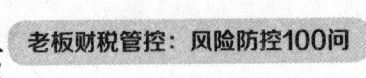

而过度牺牲宏观经济发展。

（2）分类进行防范。按照不同的经济主体和不同的风险特征，外汇风险可以划分为交易风险、折算风险和经济风险。对于外资企业来说，交易风险是指由于汇率变动而带来损失的可能性，折算风险只是表现为账面上的风险，经济风险则是由于意料之外的汇率变动而带来企业利润变化的风险。因此，汇率风险的种类不同，进行风险管理时也要分类防范，采用多样的方式。例如，为了应对外汇交易风险，可以提前或推迟结汇。

（3）追求收益最大化。企业在进行外汇风险防控时，要对外汇风险管理的成本和收益等进行精准计算。例如，为了避免因外汇波动带来的损失，可以用外汇期货或期权的方式进行风险管理，提前锁定收益。

第86问　管理企业外汇风险需要避免的误区有哪些？

如何管理好外汇风险，是长期困扰跨国企业的问题，也是让企业财务部门感到异常头疼的事。

随着现代企业商业模式的日益变化，管理企业外汇风险业务的负责人的压力也越来越大，在企业外汇风险管理工作中，稍有不慎，就会犯以下错误。

1. 维持外汇管理现状。

为了改变现有运营或财务审批制度造成的不必要管理成本，企业通常会制定许多内部制度和流程。可是，与那些制度和流程确立时的市场情况相比，目前企业面对的国际、国内金融环境已经发生了巨大改变，比如，人民币从长期升值转变为双向波动。因此，大型的跨国企业一般会积极主动地做好准备，从别人的错误中吸取经验和教训，不断修订合理的外汇风险管理制度，不断变化实际操作。

2. 豪赌汇率发展方向。

好的外汇对冲策略，通常不会受到这些看起来"确定"的汇率走势的左右，要想做出正确判定，需要将技术分析数据、交易员经验与企业的运营周期综合起来。如果某个远期合约已经开始执行，一旦汇率向相反方向移动而导致损失，就会被看作"失败"的对冲安排并提前交割。

3. 外汇交易成本太高。

为了防止过分对冲和成本过高，执行外汇对冲策略的部门和管理人员，要做好充分的市场调研，选择合适的外汇经纪商。有些企业会与银行达成绑定式的外汇对冲合作，即远期锁汇操作与信用证绑定；其实，企业完全可以与独立的外汇经纪商签订远期合约节省对冲成本。另外，对于有实际交割需求的外贸企业，跟使用外汇期权比起来，执行简单的外汇远期合约锁定未来交割日的汇率，往往更经济、更实惠。

4. 过分依赖 Excel 处理数据。

除非企业的公司结构和外汇风险敞口异常单一，否则，只使用 Excel 处理外汇风险管理数据，会引发许多问题。多维度的变量，比如，币种、时间、贸易对手和敞口期间等数据，会超过 Excel 所能有效处理的范围；使用多个工作表或多个 Excel 表，会导致信息碎片化无法追溯的错误。

第87问 外汇风险管理信息系统有哪些功能？

市场瞬息万变，获取及时有效的外汇市场信息，对外汇风险的管理经营和决策起着重要作用。因此，信息系统的功能和使用也需要满足外汇风险管理的工作内容。

外汇风险管理系统的功能主要包括以下几种。

1.数据管理。

外汇风险管理信息系统，首先要具备完备的数据管理功能。这里的数据管理主要包括数据的获取、数据的转换和数据的加工。其中，数据的获取包括源数据管理，主要为管理决策提供业务依据的原始数据，即市场数据和交易数据。

（1）市场数据。市场数据，是指反映外汇即期及外汇衍生产品价格变化的各类数据，主要有外汇货币的实时成交价、每日开盘价、收盘价等信息，以及与外汇衍生品相关的报价信息，比如，远期价格、期权报价等。通常，对于这类信息，金融数据的市场供应商会在终端机或以数据接口的形式提供给用户。

（2）交易数据。交易数据指的是反映企业各类外汇资产的持仓数据，包括外汇现金、外汇银行存款、外汇应收应付账款等。这类数据汇集起来，是衡量企业外汇敞口、损益和潜在损失的权重指标，可以从企业的ERP或财务系统中获取。

2.金融工具估值。

金融工具估值是风险计量的核心,缺少这一步,就无法较为准确地衡量市场价格波动引起的风险。对于金融工具价值的波动,要根据不同金融工具的属性和估值模型进行测算。

概括起来,金融工具的模型分为线性模型和非线性模型两种。

(1)线性模型。线性模型基本上可以确定未来的现金流,只不过需要用本外币的收率曲线对未来的现金流进行贴现,计算金融工具的价值,主要包括外汇远期、外汇掉期、交叉货币掉期等线性产品。

(2)非线性模型。非线性的产品包括外汇期权、外汇的结构化交易产品。该类产品估值的到期收益不固定,对产品进行估值时可以使用风险中性定价原理。

3.市场数据校准。

将市场数据接入外汇风险管理系统后,内部还要对原始市场数据做一次处理,即校准。尤其是对衍生工具做估值,还需要以这类数据作为参数。

基本过程是,用市场价格和估值模型反推出估值所需的参数,比如,到期收益率估算(期收益率)、期权价格反推期权的隐含波动率等所谓的风险因子。完成校准过程后,也就是准备好供金融工具估值模型使用的参数后,就能为接下来的金融工具估值和风险计量做准备了。

4.风险指标聚集。

风险指标有不同类别,包括:外汇敞口分析,可以计算外汇净资产的现值大小;风险价值量,可以计算外汇资产某一段时间的某个置信度(95%或99%可能性水平)下的最大损失;损益,可以知道外汇资产价值的盈亏状况。这些指标都是对金融工具估值后得到的信息,即风险聚集。

系统只要进行风险聚集，就能产生风险报告，为风险管理决策提供信息指南和决策依据。

5. 限额管理。

要想用风险聚集指标对日常的风险管理工作进行指导，尤其是在跟经营相关的流程中，需要通过限额进行管理。也就是说，要按照风险的承受能力和盈利预期，设定不同币种和业务线的限额，一旦风险指标触及限额的设定，管理层就要及时进行风险处理。

6. 业务应用。

使用外汇风险管理信息系统，将市场数据和交易数据进行统一获取接入后，会产生相应的应用。通常，外汇风险管理采用国际通用的 EOD（End of Day）日终准则和风险的视图，能够满足前一日外汇风险信息披露的需要。

7. 情景模拟。

情景模拟就是基于未来的市场预期，对资产组合按照模拟的场景进行风险预演，看看目前风险预案能否对外来场景带来的预期风险进行管理，随后根据专家的意见或专业机构的意见进行设定。

第88问　外汇交易风险要怎么防范？

在投资中，最应该顾及的就是风险，那么如何才能在市场中限制风险？主要有以下几种方式。

1. 考虑风险回报率。

交易潜在的收益和风险的比例至少是1∶1，从理论上说，勉强能够保持不亏，但考虑到交易成本，要想赚钱，收益风险比最好达到2∶1或更高。也就是说，并不是说每次交易都能实现这个目标；相反，如果风险报酬率太低，亏损很大，盈利很小，即使盈利的数次超过亏损次数，从长远来看，企业也是必输无疑。

2. 根据账户规模限制亏损额。

基本的资金管理，首先要知道每次交易的亏损占整个账户资金的比例。每次亏损的额度最好控制在2%以内，例如，1000美元的账户，单次亏损就是20美元。

3. 在市场剧烈波动时减少交易量。

任何企业都无法预测即将到来的突发事件，但多半知道这些突发事件会导致市场剧烈动荡。因此，如果市场波动剧烈，就要立刻减少交易量。

总之，任何交易都要小心谨慎，不能忽略止损的重要性，要提前设置好止损点，不能不管不顾地一味往前冲。

第89问　完善相关规章制度，具体该怎么办？

为了完善相关规章制度，可以从以下内容做起。

1. 做好货币选择，优化货币组合。

企业要想完善外汇相关制度，就要做好货币的选择，对货币进行优化组合。

（1）选择本币计价。选择本币作为计价货币，只要不涉及货币的兑换，进出口商就不会遭遇外汇风险。

（2）选择自由兑换货币计价。选择自由兑换货币作为计价结算货币，外汇资金的调拨和运用等就会方便很多，一旦出现外汇风险，就能立刻兑换成另一种有利的货币。

（3）选择有利的外币计价。关注货币汇率变化趋势，选择有利的货币作为计价结算货币，是一种根本性的防范措施，基本原则是"收硬付软"。

（4）选用"一篮子"货币。使用两种以上的货币计价，也可以消除外汇汇率变动带来的风险。比较典型的"一篮子"货币有特别提款权（SDRS）、ECU（原欧洲货币单位）等。

（5）软硬货币搭配。软硬货币此降彼升，具有负相关性质，只要合理搭配，就能减少汇率风险。因此，选择计价货币时，如果交易双方无法达成共识，就可以采用这种折中的方法。

（6）调整价格法。在贸易谈判中，承担汇率风险的进出口商只要对商品价格进行调整，就能减少使用外币结算带来损失的汇率风险。

2.利用外汇与借贷投资业务。

企业要想完善外汇相关制度，就要充分利用外汇与借贷投资业务，具体方法如表9-3所示。

表9-3 利用外汇与借贷投资业务的具体方法

方法	说明
远期合同法	为了将外汇风险全部消除，在利用远期外汇合同时，可以通过签订合同把时间结构从将来转移到现在，并在规定的时间内实现本币与外币的冲销。为了预防外汇风险，有应收账款时，可以签订卖出相应期限远期外汇的合同；有应付账款时，则可以签订买进相应期限远期外汇的合同
投资法	有远期外汇支出的经济实体，只要投资一笔与远期外汇支出金额、期限和币种都相同的资金，就能改变时间结构，防范汇率风险

续表

方法	说明
借款法	有远期外汇收入的经济实体,借入一笔与远期外汇收入金额、期限和币种都相同的资金,就可以改变时间结构,防范汇率风险
即期合同法	为了消除外汇风险,具有外汇债权或债务的公司,可以与外汇银行签订出卖或购买外汇的即期合同
掉期合同法	在买进或卖出一种交割日的外汇的同时,可以卖出或买进另一种交割日的外汇业务

在经济全球化和金融市场化的推动下,汇率成了国际金融市场的重要经济指标,对经济发展起着重要的作用。可是,外汇变化幅度大、变动频繁,世界各国也越来越重视对外汇的管控,因此,加强外汇风险管理,对外资企业的发展有着积极影响。

第90问 何为远期结售汇?

所谓远期结售汇,是指银行与企业协商签订远期结售汇合同,约定将来办理结汇或售汇的外汇币种、金额、汇率和期限;到期日,当企业外汇收入或支出发生时,就按照该远期结售汇合同订明的币种、金额、汇率与银行办理结汇或售汇。远期结售汇可以帮助企业锁定远期汇率,固定成本或收益,有效规避市场汇率波动的风险。

企业产生外汇风险敞口,但实际交易并不涉及外汇收支,可以选择远期差额交割。在差额交割项下,交易双方就能按照提前约定的汇率与到期即期汇率轧差结算损益,不用实际全额收付人民币和外汇本金。

远期结售汇到期日可以是固定某日,或某日期区间(择期交易),如果选择日期区间，则日期区间最长不能超过签约银行规定的期限。远期结售汇业务的履约宽限期最长不能超过签约银行规定的宽限期，在宽限期内办理的交割，跟如约交割一样。

办理远期结售汇业务，要坚持实需原则。远端企业提供能够证明自己真实需求背景的书面材料，外汇资金的来源和使用必须符合国家外汇管理规定。

远期结售汇可以采用成交方式，即市价交易和挂单委托。企业需要缴纳一定比例的保证金或占用银行授信额度，具体比例不同银行都不一样。

第十章

跨国经营风险：
高度关注，防范跨国经营风险

第91问　何为跨国经营财务风险的概念和特征？

所谓风险识别，是指查找企业各业务单元、各项重要经济活动及重要业务流程，看看有没有风险，有哪些风险。该过程是企业进行跨国经营财务风险管理的基础，是风险分析、风险评价和制定风险应对策略的必要步骤，是整个财务风险管理体系中必不可少的一步。

在经济全球化和信息化的今天，跨国经营财务风险已经变成一种常见现象。跨国经营财务管理的风险特征如下。

1. 两面性。

所谓"两面性"，是指风险不一定会对跨国经营的公司财务管理造成负面影响。风险会对预期结果造成干扰，但这种干扰方向并不确定，会造成两种结果：一种是超出人们的预期效果，另一种是降低预期效果。跨国经营财务风险，既可能是收益风险，也可能是损失风险。

2. 不确定性。

跨国经营财务风险具备不确定性。这种风险的存在，会让事物发展的结果与人们预期的结果发生偏离，再加上这种风险的类型和对结果的影响程度无法进行预测，因此具备不确定性。

3. 客观性。

财务管理风险具备客观性特征。在跨国公司的经营中，风险是客观存在的，不会以人的意志发生转移。因此，所有进行跨国经营的企业都会遇到这类风险。

第92问 跨国并购存在的主要问题有哪些？

企业进行跨国并购，主要存在以下几个问题。

1. 没有进行充分的尽职调查。

要想了解并购企业的具体情况，就需要在收购前进行充分的尽职调查。如果对东道国法律环境不熟悉，对并购企业的经营水平、财务状况、管理漏洞等情况不了解，对聘请中介机构不够重视，就会直接导致并购过程受阻；对并购企业的价值评估不合理，也会影响企业并购的决策。

2. 事后整合能力不足。

并购完成后，要想真正产生价值，必须对两个企业的技术、品牌、管理、市场、人员、文化等方面进行有效整合。企业习惯于以"中国式"思维方式进行整合，忽视了两国在价值观念、法律制度、社会保障和文化等方面的差异，只能让企业的经营陷入困境。

3. 并购目标不明确。

有些企业没有制定国际化发展战略规划，只是为了并购而并购，具有一定的盲目性。特别是在金融危机后，有些企业只看到目标企业售价低廉的资产和技术，对并购的原因、并购的方式、并购后的整合等缺少全面分析，极大地增加了跨国并购的风险。

4. 资金短缺，出现困难。

我国资本市场国际化和开放程度相对较低，企业融资渠道狭窄、审批程序烦琐，尤其是民营企业，更难得到国家和金融机构的资金支持，并购后续资金有时甚至还远超收购时的启动资金，致使企业财务风险急剧上升，甚至导致企业破产。

为了推动企业跨国并购，可以做到以下3点。

一是加强公共服务。搭建一个公共服务平台，做好对外投资企业的辅导工作，把最新国际形势、投资环境的变化等传递给企业，减少信息不对称；制定境外投资和跨国并购鼓励性政策意见，鼓励国有资本与各类社会资本联合设立境外并购引导基金，解决企业融资、担保、保险等问题；深化行政审批制度改革，加快企业海外并购的调查、上报等工作；完善海外并购风险预警机制和保障体系，切实保护好企业投资的合法权益。

二是培育和引进专业人才。培育和引进具有国际化战略视野、复合型、实用性的专业并购人才，可以解决企业在海外并购中普遍存在的专业人才匮乏问题；探索建立由政府、企业、中介机构和专业人才组成的海外投资俱乐部，定期进行经验分享和问题总结，可以为企业跨国并购营造良好的氛围。

三是明确正确的国际化发展战略。要想推动企业跨国并购，就要鼓励企业有选择性地参与海外并购，同时在并购前期进行全面调查，明确并购目标，要选择产业链上下游企业或主业相同的目标公司，对目标公司的资产负债、经营状况、市场情况、潜在风险等情况进行深入了解，减少并购风险。

第93问 跨国企业财务管理风险的成因有哪些？

跨国企业财务管理风险出现的原因如下。

1. 内部原因。

我国跨国企业内部存在一些问题，导致经济活动中存在一定的风险，例如，出口秩序混乱、出口侧重劳动密集型产业、出口产品结构存在不合理现象等。通过这些问题可以发现，我国出口市场产品附加值过低，内部竞争非常激烈，跨国企业出口产品价格很难提高，在国际市场中无法占据主动地位。此外，我国的跨国企业在财务管理中应诉不积极，缺少专业的管理人才和队伍，遇到纠纷，多数是败诉，引发了外国政府或企业对我国出口产品进行反倾销调查，影响了我国跨国企业的发展。

2. 外部原因。

在跨国公司财务管理中，外部风险的成因可以分为以下3个方面。

（1）随着我国经济实力的增加，出口贸易水平显著提高，一些不希望我国经济发展提速的国家就会针对我国的出口贸易进行干扰，实施反倾销调查，跨国公司财务管理就会面临风险。

（2）为了保护本国经济的发展，利用世贸组织的反倾销制度进行市场经济保护，一些国家滥用世贸组织的保护制度，严重干扰经济环境，影响正常的市场秩序，最终也会造成财务管理风险。

（3）在反倾销应诉中，我国跨国公司经常败诉，也不利于企业发展。

第94问 企业跨国并购后，如何进行高效的财务整合？

财务整合是并购后整合工作的重点内容之一，直接影响着并购后整合的效果。为了提高企业跨国并购的完成质量，就要对企业并购后的财务整合进行研究。

1. 企业跨国并购财务整合的目标。

企业跨国并购后开始财务整合工作，主要目标有两个。

（1）实现协同价值。财务协同效应影响着企业并购后的财务管理工作，财务整合能使企业对经营情况进行整体把控，提高资金的使用效率，降低融资成本，满足未来发展需要，实现并购的协同价值。

（2）降低财务风险。企业并购过程承担着巨大的财务风险，通过财务整合，就能有效规避企业的投资、融资和债务风险，调整企业风险结构，优化配置企业的现有资源，使企业未来发展更加顺利。

2. 企业跨国并购财务整合的内容。

企业跨国并购财务整合的主要内容，如表 10-1 所示。

表10-1 企业跨国并购财务整合的主要内容

内容	说明
战略目标整合	财务战略目标决定着企业的财务管理方式，影响着企业的经营发展。要想做好财务整合，首先就要对企业的财务战略目标进行整合，顺应目前发展趋势，符合经营管理现状，满足企业长期规划，指引企业未来财务管理发展的方向

续表

内容	说明
财会人员整合	财务整合的重要环节之一是对财会人员进行整合，帮助跨国并购双方的财会人员适应不同的语言环境和制度体系，熟悉并购后企业的管理模式。在此过程中，为了有效整合财会人员，企业在考虑财会人员整合成本的前提下，要采用有效的沟通和相应激励措施，促进完成财会人员的配置
资金运营整合	资金是企业运营的核心要素，并购后资金的运营管理也是财务整合的主要任务。为了实现企业预期的经营目标，就要重视资金的筹集、使用和现金流管理，对企业资金进行全盘整合，有效控制被并购方的资金，实现境内外资金的一体化
制度体系整合	制度体系的整合主要包括财务管理制度的构建和会计核算体系的统一。作为财务整合的核心环节，构建财务管理制度，不仅要对原有制度进行完善，还要加入并购后公司可执行的新制度，帮助企业尽快进入稳定发展阶段。此外，还要规范并购双方在不同的制度环境下使用的不同会计核算体系，重新设置会计科目和报表格式，由此提高财务工作的便捷性，提高工作效率

3.跨国并购后财务整合存在的问题。

经过跨国并购，企业财务整合主要存在以下几个问题。

（1）整合目标不明确。跨国并购活动中，并购双方处于不同的经济背景和市场环境，加大了财务整合的难度。进行跨国并购后，一些企业急于在短时间内完成财务整合，没有明确财务整合目标就盲目进行整合，背离了跨国并购的初衷。进行财务整合时，财务整合目标不明确，不仅会使企业无法在短时间内实现并购的效果，还会让企业的发展方向发生偏离，为后续财务整合工作的推进和执行造成负面影响。此外，财务整合的目标不明确，就无法适应多变的市场，无法实现并购后的规模效应，给企业未来发展埋下安全隐患。

（2）资金运营不完善。企业进行跨国并购，使用何种融资与支付手段一直是并购的重点。为了完成并购，企业一般会利用杠杆，通过贷款、发行债券等方式进行资金补充。并购后，企业不仅要承担自身债务，还需承担被并购方的原有债务，这在无形中增加了资金成本压力，致使资本结构失衡。再加上部分企业为实现并购目标扩大投资，更会提高企业的财务风险，使企业资金无法周转，经营陷入困境；如果企业无法对自身资本结构进行有效分析，致使财务整合过程中资金得不到合理分配，资金运营也会出现问题。

（3）制度体系不健全。企业财务管理制度的构建与会计核算体系的统一，不仅是财务整合的核心，也是保证被并购方持续有效运行的关键。在财务管理制度方面，被并购方使用并购方的财务管理制度后，如果水土不服，就无法有效地运行，致使财务整合失败；在会计核算体系方面，并购双方的会计科目、财务报表格式等不能及时统一，出现核算差异，就会使企业预算、核算分析等产生偏差，影响企业的财务决策，限制企业的长远发展。

（4）人员整合不规范。财会人员整合不规范，不仅无法达到财务整合效果，还会导致并购后的整合工作难以继续，致使并购失败。跨国并购财务管理难度大，对管理人才要求高，管理者只有掌握相关的财务制度和工作方式，才能更好地开展财务整合工作。跨国并购后，在财会人员的整合过程中，需要进行人事调整，需要专业的并购财务管理人员统领全局，实现整合的规范化。

第95问　如何通过多元投资分散风险？

随着高净值人群数量及其财富的爆炸式增长，企业对于分散投资风险、财富保值增值的需求越来越强烈，全球资产配置已经成为大势所趋。

之所以要进行全球资产配置，一个重要意义在于分散投资风险。单一国家资产，不仅在品种选择上存在局限性，各类资产的整体表现也会受制于其经济状况。全球各个国家经济发展阶段都不尽相同，把投资视野拓宽到全球，进行跨国投资，不仅会让资产组合拥有更强的风险承受能力，也能让投资者分享到其他经济体成长的红利。

1.多元投资强化风险抵抗力。

目前，全球经济已经高度一体化，一国的经济或金融危机不会局限在本国境内，会通过多种渠道向外传导，继而引发全球市场的联动。另外，金融衍生品的创设和广泛应用，将原本关联度不高的基础资产联系到一起，加大了风险的联动效果，同时衍生品还可以层层嵌套，进一步拓宽风险的传播广度。

从资产配置的角度理解黄金的价值，人们就会发现，在某些极端环境下，单纯的跨国投资并不足以抵抗风险，只有搭配足够多元化的资产配置，才能在一定程度上抵御灾难来临时的冲击。

2.有效控制汇率风险。

目前，经济全球化程度已经加深，中国企业经常会用到国际支付与结算，而汇率的波动会影响资产的支付能力或收益水平。怎样控制汇率风险？国家在做外汇管理时采用的是"一篮子货币"，在企业的资产结构上，也可以进行"一篮子货币"的组合，主要是人民币，外币可以配置美元、欧元、日元和英镑。

随时注意市场的变化，不断调配不同货币之间的比例，是比较好的投资策略。

第96问 如何建立合理的资金控制制度？

为了实现境外资金管理体系，确保业务的有序合规开展，公司财务需要不断完善资金管理办法，规范和明确资金管理中的账户结算、收付款、存贷款等业务操作流程，实行前台、中台、后台操作分离，有效管控资金池的事前、事中和事后全流程运作，健全资金的管理机制。

1. 建立资金集中结算机制，对资金采取集中管理。

为了保证资金管理的集中统一，在公司资金管理模式下，严格控制多头开户和资金账外循环。境内外成员企业必须在财务公司开立结算账户，通过财务公司办理资金归集及收付转等业务，集中统一结算，建立现金池，实现资金的集中管理、统一调控和有效监管，营造一种全新的财企关系。

2. 做好预算控制，对资金运动过程进行系统管理。

采用合理的计算方法，确定资金的合理需求量，加强资金的计划管理，及时分析资金动态，使资金使用达到最优化；利用财务公司核心业务系统，对资金申请、使用、流转等全过程进行监控，加强现金流量分析，达到资金流、信息流的高度统一。

3. 强化资金管理约束机制，提高资金使用效率。

具体的方法有：优化资金约束机制，抓好资金结构管理；建立资金循环机制，狠抓资金流程管理；严格执行资金审批机制，加强资金管控。

第97问 外汇风险的规避方法有哪些？

企业进行跨国经营，需要全面分析不同情况，从各个角度尽可能地设计出多个备选方案，并从中选择最有利的方案。

1. 运用合适的金融衍生工具。

进行跨国经营的企业，在其生产经营中，可以通过金融衍生工具对外汇风险进行合理的规避，运用远期、期货、期权及货币互换业务对外汇进行套期保值。

（1）远期外汇交易。与银行签订远期合约，约定将来按照规定的汇率进行买卖外汇，将外汇汇率波动产生的风险从企业转移给银行。

（2）外汇期货交易。协约双方同意在未来某一日期按约定的汇率买卖一定数量外币的交易，对现货商场上的货币进行保值。

（3）外汇期权交易。交易双方按协定的汇价，就将来是否购买某种货币或是否出售某种货币的选择权，提前达成一个协约。

（4）货币互换。交易双方将一定数量的货币与另一种货币，在一定期限内进行外汇折算。

2. 采取多元化经营的方式。

多元化经营，可以把风险控制在企业可接受的范围内，是应对经济风险比较有效的一种方法。具体方法如表10-2所示。

表10-2 采取多元化经营的具体方法

方法	说明
生产多元化	为了满足不同国家的不同层次、类型的消费者需求,企业生产产品,要在品种类型、质量、性能等方面有所区分,满足消费者不同的消费偏好
采购多元化	原材料、零配件等采购,要在多个国家进行,如果只在一国采购,一旦该国家发生突发事件,就会影响企业的正常生产经营
销售多元化	不能只注重在一国的销售,要分散销售市场,将产品或服务渗入不同的国家市场
筹资多元化	在不同的资本市场上进行资本的筹资,可以使外汇风险在一定程度上相互抵消
投资多元化	在不同的国家和领域进行投资,可以避免投资单一化引发的风险

3. 使用国外外汇保险机制。

为了降低外汇风险,跨国企业可以向保险机构缴纳保费、购买货币汇率波动保险,弥补由于汇率波动给跨国企业带来的损失。可以用购买外汇保险的方法,将外汇风险转嫁给保险公司,增强企业对外汇风险的应对能力。但要注意的是,使用投保方法来规避外汇风险的成本都比较高,在做出最终决定之前,要综合考虑多种因素。

4. 提前或推迟结汇。

如果跨国企业预测到使用的计价货币有贬值的趋势,就能选择推迟应付款的付出、提前应收款的收回;反之,企业可以选择提前应付款的付出、推迟应收款的收回。可是,交易双方收付款的时间受到合同的约束,企业想要调整应收、应付款的收付时间,并不容易。

5. 进行有利的货币选择。

在经营过程中,跨国企业选择哪种货币计价结算,一直以来都是一个值得关注的问题。交易双方都想将对自己有利的币种作为交易的计价货币。面对此问题时,交易双方可能会产生争执,为了解决该问题,就要灵活采用"收硬付软"的方法。

6. 运用"组合风险"理论进行货币保值。

所谓"组合风险"理论，就是选用不同种类的货币进行结算，使外汇波动引发的损失与收益相互弥补，达到规避外汇风险的作用。通常"一篮子"货币可以由特别提款权、软货币、硬货币等多种货币进行搭配，各种货币按照所占收付总额的比重进行计算，依据到期付款时的汇率折合成一定的数额进行付款。

第98问 降低跨国经营风险的方式有哪些？

降低跨国经营风险的方式有以下几个。

1. 成本控制风险的应对策略。

在跨国经营中，要想降低成本控制风险，可以采取以下措施。

（1）为了有效控制成本，公司确定以"招标+谈判"的采购形式，跟性价比最优供应商签约，不仅要通过招标形成竞争，还要通过积极的市场调查获取最新的价格信息，如此才能在谈判时为公司争取更多的利益。

（2）招标完成，签订合同时要明确规定好供货时间、方式和质量要求；对于没有及时供货、供货不合格，导致误工影响的，要给予一定的处罚。

（3）加强项目现场物资管理，规范物资的验收与发放，完善出库入库和定期盘点制度，提高现场物资人员管理的责任感，减少材料在现场的丢失、毁损、随意调拨等现象。

2. 内部控制缺陷的应对策略。

在跨国经营中，要想控制内部缺陷，可以采取以下措施。

（1）加强供应商、分包商的招标管理，努力做到公开、公平和公正；对于保证金支付，及时派人跟进；严格遵守股份公司各项规章制度，重视差旅费、业务招待费、办公费、小车费等财务制度；建立健全海外薪酬、绩效体系和目标责任体系。

（2）为了规范、约束并激励管理层行为，减少代理问题，提高代理效率，企业要建立一套制衡机制。比如，引进外部机构审计，加强审计独立性，利用审计费用第三方支付，以免审计企业与审计事务所一起来粉饰审计报告。

（3）完善项目部企业制度，提高该部门的执行力；领导发挥自己的模范带头作用，坚持制度的执行和坚持原则，在管理和监督过程中，敢于揭露违规者，实现"制度面前人人平等"。

3.税务风险的应对策略。

在跨国经营中，要想降低税务风险，可以采取以下措施。

（1）及时与税务代理进行沟通，按时扣缴增值税和企业所得税；及时收集和整理税票并认证，拒绝接受超过认证期限的税票，将资料留底。否则，一旦供应商取消发票认证，就会遭受税务罚款。

（2）建立和完善税务体系，积极开展税法研究，做好前期税务规划。企业高层要高度重视海外税务工作，进行税务管理，不仅要制定相应的内控管理流程，还要制定相关制度。

（3）加强对供应商资质档案的管理和本项目税务资质管理，如果税务资质过期，就会新增更多的税务成本。

4.汇率风险的应对策略。

在跨国经营中，要想减少汇率风险，可以采取以下措施。

（1）规避合同汇率影响，在签订分包分供合同的过程中，支付币种、支付方式与主合同一致，降低主合同的汇率变动风险。

（2）争取货币保值条款，签订合同时，先确定汇率大小，然后再收付款，以免受到汇率波动的影响。

（3）适当储存外币，保证资金价值，减少贬值风险。

5.财务管理水平风险的应对策略。

在跨国经营中，要想减少财务管理水平风险，可以采取以下措施。

（1）健全海外财务管理制度，部门人员的搭配形成互相监督、互相协助的局面，最大限度地帮助企业对项目财务信息进行实时监控。

（2）资金管理是项目成本管理核心，做好做优资金统筹管理，加强资金策划，在分公司实施资金计划，并坚持执行下去。

（3）加强财务团队的稳定性和人员配置，重视财会人员的成长性，实行属地化管理。

第99问　转移定价对税收有什么影响？

如今，内部转移定价已经得到更加普遍的应用，是跨国企业为实现全球战略而采用的重要经营策略，只要通过母子企业、子企业、关联企业等制定的价格策略，就能进行内部定价转移。其形式主要包括实物转移定价、劳务转移定价、无形资产转移定价、资金转移定价、租赁转移定价等。

转移定价反映了企业的主观意愿，可以有效规避各类税收风险，降低企业营业成本以及强化对子公司的监管评估，最终实现集团整体利益的最

大化。

跨国企业大量运用转移定价在关联企业间进行交易，原因有很多，但终究还是受到利益的驱使，以便用最低成本获得最高利益，有效击败竞争对手，巩固市场占有份额。其中，能够对税收产生影响的有以下3个因素。

1. 减轻税负。

世界各个国家的经济发展情况各不相同，其对于税收的需求程度也不同，为了发展本国经济、解决国内就业等问题，吸引外商投资办厂，有些国家会给予企业较低的所得税税率。

各国征税税率存在一定的差异性，跨国企业完全可以运用税收筹划，使用转移定价来减轻企业整体税负。跨国企业只要在不同国家开立子企业或合资公司，通过转移定价把营业利润从高税率的企业转移到低税率的企业，就能减少企业整体层面的应纳税所得额。

2. 规避关税。

关税税率的高低，会对跨国企业经营造成巨大影响。为了保证企业的利益，跨国企业可以根据不同国家关税税率的高低，合理运用转移定价来规避东道国关税，通过较低的商品价格来降低进口关税。但一定要意识到，关税减少会增加企业利润和所得税税额，跨国企业需要综合考虑减少的关税与增加的所得税对企业整体利润的影响程度。

如果出口国所得税税率比进口国高，降低转移定价，就对企业的发展有好处；如果出口国所得税税率比进口国低，则要根据具体的关税税率及所得税税率，制定合理的转移定价，维护企业的整体利益。

3. 粉饰会计报表。

转移定价是跨国企业粉饰报表的一种手段，跨国企业可以根据子企业的不同需求对报表进行调节。这种做法在上市公司中尤为常见。跨国企业转移定价，对下属上市公司的净利润、资产负债率、销售净利率等指标进行转移，就能掩盖真实的经营状况和盈利能力，满足增发、股权激励等条件，吸引市场投资者，从而抬高股价获取利益。

第100问　跨国经营风险管理的新趋势有哪些？

随着跨国战略联盟与合作的发展，跨国公司在结构上逐步演变成"全球网络公司"。具体表现为：一是由跨国公司通过海外直接投资，在世界各地建立海外子公司，组成公司的内部网络；二是跨国公司与全球性战略联盟合作，与其他竞争公司建立起公司外围网络，实现了公司内部风险管理组织结构的创新。

如今，跨国公司风险管理已经出现了一系列新的变化，跨国公司风险管理战略也正在进行相应的调整，已从通过资产控制风险向通过技术控制风险过渡。

伴随知识经济时代的到来，"知识资本"日益成为跨国投资最核心的生产要素，以知识型投资为核心风险的管理，必然会成为未来跨国公司风险管理的主导，具体表现在以下几个方面。

1. 组织联盟化。

高新技术领域投资大、风险大，为了分摊高昂研究和发展费用，减少高新技术的投资风险，一些跨国公司结成了联盟，一起来开发新产品。该联盟主要集中于国际竞争极为激烈的行业领域，比如，半导体、电子信

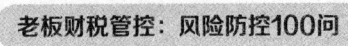

息、药品、汽车、航运和银行等技术密集型产业。

2. 缩短周期。

在产品开发领域，随着新产品换代的短期化，产品开发中的竞争风险变得日益激烈。高新技术的飞速发展，使新产品的更新速度不断加快，周期大大缩短。在高新技术的创新和扩散中，跨国公司需要不断提高研究和开发的效率，不断缩短其周期。

3. 产业脱节。

主要发达国家正在经历一次大的产业化调整：一是制造业产业结构将向高技术型发展；二是加快对传统产业的改造。不过，在发达国家制造业产品中，占比较大的仍然是传统产业的产品，在结构调整中，很容易造成脱节现象。

4. 人才争夺。

高新技术竞争的关键在于人才。如今各跨国公司都异常重视培养和争夺高新技术人才，高层次人才的流失，会让跨国公司遭遇较大的风险。